渐进式创新

企业成功转型的八大法则

[美] 罗琳·H. 马尔尚（Lorraine H. Marchand）
[美] 约翰·汉克（John Hanc）

著

胡

THE INNOVATION MINDSET
Eight Essential Steps to Transform Any Industry by
Lorraine H. Marchand with John Hanc

中国原子能出版社　　中国科学技术出版社
·北京·

THE INNOVATION MINDSET: Eight Essential Steps to Transform Any Industry
by Lorraine H. Marchand with John Hanc
(Copyright notice exactly as in Proprietor's edition)
Chinese Simplified translation copyright © (2022)
by China Science and Technology Press Co., Ltd. and China Atomic Energy Publishing & Media Company Limited.
Published by arrangement with Columbia University Press
through Bardon-Chinese Media Agency
博達著作權代理有限公司
ALL RIGHTS RESERVED

北京市版权局著作权合同登记 图字：01-2022-4862。

图书在版编目（CIP）数据

渐进式创新：企业成功转型的八大法则/（美）罗琳·H. 马尔尚,（美）约翰·汉克著；胡宇恺，程苏悦译. — 北京：中国原子能出版社：中国科学技术出版社，2024.1

书名原文：The Innovation Mindset：Eight Essential Steps to Transform Any Industry

ISBN 978-7-5221-2934-1

Ⅰ.①渐⋯ Ⅱ.①罗⋯ ②约⋯ ③胡⋯ ④程⋯ Ⅲ.①中小企业—企业升级—研究 Ⅳ.① F276.3

中国国家版本馆 CIP 数据核字（2023）第 161602 号

策划编辑	何英娇　于楚辰	特约编辑	杜凡如
责任编辑	张　磊	版式设计	蚂蚁设计
封面设计	仙境设计	责任印制	赵　明　李晓霖
责任校对	冯莲凤　张晓莉		

出　　版	中国原子能出版社　中国科学技术出版社
发　　行	中国原子能出版社　中国科学技术出版社有限公司发行部
地　　址	北京市海淀区中关村南大街 16 号
邮　　编	100081
发行电话	010-62173865
传　　真	010-62173081
网　　址	http://www.cspbooks.com.cn

开　本	880 mm×1230 mm　1/32
字　数	168 千字
印　张	8.75
版　次	2024 年 1 月第 1 版
印　次	2024 年 1 月第 1 次印刷
印　刷	北京盛通印刷股份有限公司
书　号	ISBN 978-7-5221-2934-1
定　价	69.00 元

（凡购买本社图书，如有缺页、倒页、脱页者，本社发行部负责调换）

致父亲，一位创新思想家，他曾教导我解决问题其实就是把握机会去创新。

致我的儿子，乔（Joe）、尼克（Nick）和马特（Matt），你们有着与生俱来的创新基因——好奇心、创造力以及适应能力。愿你们保持敏捷的心性，这有助于你们发现并把握机会。

序一

罗琳·马尔尚（Lorraine Marchand）的这本书本身就是一个很好的创新。书中的故事引人入胜，各种规模的公司的实际规划过程作为案例将为每个想要创新的人或团队提供参考，帮助大家营造完美的创新环境。书中无论是对业界名人还是新手的讲解，都事例有趣、评论切题。

罗琳充满了能量，她所写的不仅是她完全赞同的观点，也是她内心深处信念的折射。作为国际商业机器公司（IBM）沃森健康（Watson Health）的总经理、大型制药公司策略师、连续创业公司的创始人、美国国立卫生研究院的董事和哥伦比亚商学院的教授，罗琳拥有丰富的经验和敏锐的洞察力，这使她能在她的职业生涯中不断创新、调整策略。

她帮助读者形成独特的创业思路、全面学习如何进行客户研究以取得进展，并且激励读者，无论公司处于什么阶段，都要培养自己的创新思维。书中的范例和操作技巧，可以为任何年龄段的创新者提供指导。假如回到我刚开始工作的那几年，这些东西一定会成为我宝贵的思想武器。

我有幸加入过许多有创造性的公司，如热线公司（Hotwire）、

> **渐进式创新：**
> 企业成功转型的八大法则

Zillow[①]公司和帕卡索公司（Pacaso），这些公司彻底改变了许多重要的经济板块，包括旅游、房地产和度假酒店市场。

罗琳关于创新的主张是正确的。作为一名天使投资人，我投资过一百多家初创企业。我给我投资的公司也提出过类似的建议，并用她的一些创新法则来决定在哪里投资。

首先，罗琳说，一项成功的创新必须提供解决方案，对此，我完全同意。我参与的三家取得了成功的公司正是这样做的。成立于2000年的热线公司改变了人们旅行的方式。那时，还很少有人在网上预订旅行，酒店和航空公司也正在改变它们处理剩余客房、飞机座位和分销的思路。而且，消费者当时也没有什么别的选择。我们创建热线公司就是为了解决这两个问题。22年后，热线公司的品牌还在发展壮大。

我非常认同这本书中的创新法则，它是我投资的标准之一。如果一家公司不能发现问题并解决问题，我是不会给它投资的。

我对"创新法则四"（客户永远是对的）和"创新法则五"（学会随时转型）有很深的体会。

在 Zillow 公司，始终倾听客户的意见是我们成功的关键。罗琳建议我们去采访100个客户，同各地的潜在客户交谈。在 Zillow，我们一直坚持这么做。我们不断与客户交谈，对数千名购房者、卖家、租房者和业主进行年度调查：要么一对

---

① Zillow：一家提供免费房地产估价服务的网站。——译者注

序一

一或分小组访谈，要么利用社交媒体线上交谈。对客户的了解，一直以来都是我们开发产品和作出营销决策的基础，是任何公司（无论大小）走向成功的关键。

策略改变法，无论对于初步创业的企业家还是成熟企业家，都是最难的一部分。2006年Zillow公司初创时，我们只做信息收集，只求使房地产行业的信息更加透明。但通过产品创新和收购，我们拓展了租赁、抵押、开证和托管等新业务。我们也从主要从事依赖广告的媒体业务，转变到可以进行房地产交易的业务。一路走来，我们的策略来回转变、反反复复，但我们一直沿着正确的方向，即遵循消费者偏好，使公司发展壮大。

公司转型绝非易事。罗琳的书指导我们把握转型的正确时机，以及如何做好转型。

这本《渐进式创新》是业内人士的优秀指南，书中还包含了企业规划模板和罗琳的"创新必备方法"。无论是创办一个新企业，还是在一个公司里创造性地解决问题，都要抓住时机，永远保持好奇心、创造力和随机应变的能力。祝你的创新之旅一切顺利。

Zillow联合创始人兼前首席执行官、点点洛杉矶（dot.LA）
联合创始人兼执行主席
斯宾塞·拉斯科夫

序二

作为哈瓦斯集团（Havas Group）①北美旗舰机构的第一位女性首席执行官，我在我职业生涯的大部分时间里，都在培养持续创新的文化，并为世界上一些非常著名的公司创造更深层次的价值，同时，打破广告（或任何其他）行业的旧传统。

作为世界上最大的综合传播公司之一（在全球的70多个办事处拥有14400名员工），哈瓦斯用创造力为客户带来突破，解锁新的增长点。我们集团采取创新的方法，发展具有包容性的文化，到目前为止，其效果惊人，我们的客户保留率是广告行业正常水平的两倍多。

这一切都来自一种思维——创新思维。正如罗琳在书中所说，无论你从事什么行业，创新思维都是你职业生涯中任何转折的起点。罗琳在这本书中为我们提供了大量实用的建议，以及经过实践检验正确的具体方法，告诉你如何使头脑风暴成为现实。

---

① 哈瓦斯集团是全球六大广告和传媒集团之一，总部位于巴黎。——编者注

> **渐进式创新：**
> 企业成功转型的八大法则

　　罗琳在本书开篇讲述的父亲鼓励她进行人生中第一次创新的故事引起了我的共鸣。我最近发现，我提出的"糖包解决方案"领导了哈瓦斯的一项突破性创新，使其与巴塔哥尼亚（Patagonia）、欧伯兹（Allbirds）和竞技者（Athleta）等具有前瞻思维的公司一起，成了合格的 B 型企业[①]。我们将人、环境和收益同等考虑，使企业可持续发展，成为引领社会发展的力量。

　　如果对你来说，实现这样的目标，听起来遥不可及，那么你肯定需要这本书。创新者从不给自己设限！如果你想达到新的高度，如果你对当今世界上亟须创新解决的事情感兴趣，如果你好奇当下一些伟大的发明从何而来，或者你只是想挖掘自己公司新产品开发的潜力，那么请遵循罗琳指导创新的实用指南，调动你的创新思维。

　　小心！如果你一头扎进这本书中，你可能会改变世界！

纽约哈瓦斯集团首席执行官
劳拉·曼内斯

---

① B 型企业：在经济全球化的背景下，关注到整个商业生态里面各方（如消费者、供应商、合作方、环境、员工）的利益。

前言
伟大思想的火花

几年前，我站在一家财富 100 强公司的 96 名管理者面前演讲。我们在公司会议中心一个大会议室里，光线昏暗，以便于展示我的幻灯片。为了方便进行小组讨论，管理者们坐在圆桌周围，大多数人都在玩手机。

他们看起来缺乏活力和创造力，这可能就是把这群人聚集在此的部分原因。这家公司是一家制药业巨头公司，像许多其他公司一样，它的大部分知识产权、产品和服务来源于学术界、其他小公司以及与同行的合作。这家公司的首席执行官想为公司创造一种创新文化，渗透到管理者再到他们的整个团队。他相信，公司的管理者们接受创新培训后，定会有所收获。

我的工作是向他们展示创新文化是什么样的：一种拥抱新思想、鼓励创造力的文化。一个组织，如果得到适当的引导和发掘，能激发出自由思想和创新思维的洪流，就可以满足客户需求并最终走向市场。

那天上午的会议名为"如何创新，永不失败"，我承诺他们会给出从萌生创新的想法到最终让创新走向市场的全过程。我要告诉他们，他们的首席执行官带领企业变革的方向绝对是正确的，在此之前，我需要更多地了解他们。

首先，我要求这些注意力涣散的管理者们给自己的好奇心打分，从 1 到 10 分。结果大多数人是 4 分或 5 分，没有人高于 7 分。

可见，他们好奇心不强。

然后我让他们回想一下他们十二三岁的时候。"你们那时候的梦想是什么？"我问道，"那时候你们的好奇心强不强？空闲时间在做什么？"

这个问题，似乎在这群没什么好奇心的人中激起了什么。我看到一些人眉头皱了起来，一些人凝视前方，想起了很久以前的事情。"我和我的朋友经常在当地消防站闲逛，我那时想成为一名消防员。"一位管理者主动说道："如果我真的成了一名消防员，我想我一天中的大部分时间都在灭火。"几个人咯咯地笑了起来。

"反正我没梦想过一天开 12 小时的会。"一位穿着干净白衬衣的管理者说。一些人点头表示同意。

我本想说："别担心，我不会浪费你们的时间。"但又有人举手想要发言。

一位工程部的负责人，穿着一件印有公司徽章的白色马球衫，拿起了麦克风。"六年级时，我叔叔帮我为科学展览制作胶水，那段经历一直伴随着我。"他说："我最终选择了化学工程，我喜欢弄清事情是如何运作的。"

其他人也主动进行了分享。一个从小就对机器人着迷，现在从事物流工作的人说，他希望公司投资无人机技术。

一位大约五十岁的管理者，举起了手并用眼神示意我，"我妈妈在我十四岁的时候死于乳腺癌，所以我决定从事癌症研究。我自己也是个乳腺癌幸存者，我还有个十六岁的女儿。我这样做是为了我的家人，也是为了所有受癌症影响的患者和家庭。"

我感觉到大家的情绪发生了变化。会议室里这群才华横溢的专业人士，似乎不再那么麻木了。少数人似乎有了热情，愿意主动发言。其他人也放下手机，开始侧耳聆听。

"太棒了，谢谢。"我继续说道，"我们都走过一些弯路，才到了今天。但是，引导我们去做我们真正想做的事情的火花，往往在很久以前就被点燃了。我就是这样。只是后来我忘记了那种火花。直到几年前，我被困在一份没有意义的工作中，我不得不重新点燃它。"

我停顿了一下，说道："我想大家都遇到过这种情况。"

接下来我分享了我童年的一个故事。

我的父亲，加兰·哈德森（Garland Hudson），是一个发明家、创新者和连续创业家。从我记事起，他就梦想着、谈论着，甚至痴迷于发明创造。他能解决像工业卫生这样的大问题，也能解决如何将汽油从汽车中转移到割草机中这样的小烦恼（对于后者，他发明了一种便携式手持泵）。从我和弟弟小时候起，每当我爸爸发现一个问题，他都会让我们至少

渐进式创新：
企业成功转型的八大法则

想出三个解决方案，然后分析每种方案的利弊。

在我13岁那年的一天早上，在美国马里兰州惠顿的"热辣铺子"餐厅里，爸爸给我和弟弟格雷格上了产品创新的一课。

当我把这个故事告诉观众时，我回忆起了很久以前的那个夏天，不管我自己是否知道，那时，我脑海里第一次种下了创新思维的种子。

创新成功的秘诀——把糖包装起来

爸爸带着格雷格和我坐在一家早餐店的雅座，他像在召开团队会议似的很正式地对我们说，"我带你们来这里是有原因的。"

"是带我们来吃早饭吗？"弟弟问。

"我们要来解决一个问题。"爸爸回答道。

"什么样的问题？"我问道。我伸长脖子，坐在沙发上看餐厅里人来人往，"一切看起来都很好，没什么问题啊。"

"是啊，但是眼睛看到的不一定是真实的。"爸爸说。

于是我们一连三个早上都坐在这个雅座上享用炒鸡蛋和橙汁。至于我们的任务呢？是观察清理一张桌子要花多长时间。我和格雷格发现，快速清理桌面的最大障碍是桌子上的糖包垃圾。我们注意到，人们把弄皱的包装纸扔在桌子上，

前言
伟大思想的火花

撒得到处都是糖粒。还有人把剩下一半的糖包扔在座位和地板上，这些都得打扫。

"让我们来仔细思考一下这个问题。"他说，"我们已经知道了清理桌子花费过长时间的原因，接下来该怎么办呢？"

接下来的一周我和弟弟提出了各种各样的解决方案：换掉糖包，用小罐子来装糖；在每张桌子边放一个垃圾桶，加快清理速度；把瓶装液体糖放在餐桌圆转盘上，旁边放枫糖浆和番茄酱。在爸爸的鼓励下，我们找早餐店经理和几个服务员聊了聊，听听他们的意见。

但经理埃斯特对我和弟弟的问题不屑一顾。于是父亲对经理说："我正在教孩子们如何解决问题，如何找到新方案。我们有个主意可能会帮到你。看到外面那群大热天排队，等着进来吃早饭的人了吗？"

经理看着窗外，点了点头说："自从商场里新开了家冰激凌店，餐厅连打杂工都留不住。服务员抱怨清理餐桌的工作让他们在这儿工作连一周都坚持不到。"顾客不愿排队，服务员对额外增加的工作也不满意。我们现在引起了经理的关注。我不由对爸爸心生敬佩：他注意到了经理的困境，并真心地与她谈论了这件事。更棒的是，我们的想法能帮助她们解决这些问题。

餐厅经理就像是我们的客户，同她的一番交谈，使我们对这个"项目"重燃热情。我们不断产生新想法。当一个想法行

V

> **渐进式创新：**
> 企业成功转型的八大法则

不通时，比如装糖的小罐子会吸引无聊"熊孩子"的注意力，爸爸就会教我们如何转变，朝着另一个方向前进。最终，我们将方案定为在桌上放一个塑料的小立方体容器来存放糖包垃圾。我们称它为"糖立方"，为了尽可能发挥它的价值，我们正用它来展示广告，为商店增加了一个新的潜在收入来源。

在九月开学前，爸爸安排了一场与这家早餐店经理见面的会议。在会议中，我们向经理演示了带有"热辣铺子"标志的"糖立方"的作用。然后回顾我们的研究，展示我们统计的餐桌清理时间的示意图和表格。我妈妈波莉也加入了我们的推销活动。爸爸叫她"推销达人"，她没有辜负这个称号。那天妈妈穿着漂亮的海军连衣裙，那条裙子是她专门留在重要场合穿的。在我们演示时她讲解产品的特点和好处。经理很喜欢我们的产品。最终，"糖立方"不仅放在了她的店里，还放在了那一片的其他几家店里。

在爸爸的指导下，我和弟弟把我们的第一个产品推向了市场，爸爸很自豪。现在回想起来，在那时我已经找到了我的使命。

创新思维入门

"那么，我又从这些经历中学到了什么呢？"我总结道，"解决问题的技能既有用又有趣，问题无处不在，只要用心，就能找到更好的解决方案。而找到满足客户需求的解决方案，只要客户愿意为其买单，就极有可能在商业上获得成功。如果你们小时候也像我在故事中那样，做过一些富有创造力和灵感的事情，我建议你们记下来。当你思考新想法或新的解决方案时，它们将有助于激发你的灵感和创造力。"

然后，我给大家带来了一个练习解决问题的桌游。我给每桌设定了一个要解决的问题，并发了一些小工具（成人用的乐高积木）及说明书，说明书上讲明了如何增减、组合这些积木，最终得出不同的解决方案。为了使这个活动更有吸引力，我引入了一个评选机制，在每一类创新中都选出一个最佳方案。大家纷纷点头，并开始观察桌子上的乐高积木。有人打开了灯，关掉了投影仪，我注意到他们把手机都面朝下放在了桌子上。

那次的讲座，以及我们那天玩的桌游，都是我所说的创新思维入门。我在"热辣铺子"第一次学到了这种思维，后来，我作为制药技术主管、顾问，作为研究和教授创新艺术与科学的学者，一直使用这种创新思维来解决问题。

为了实现有意义的变革和创新，我们首先要有正确的立场和态度。创新思维产生于问题导向的价值观，也来源于个人的好奇心、激情及天赋。有了创新思维，你就有了一个跳板来对一个领域进行探索，在这个领域中你能够理解客户的需求，设身处地为客户着想，并提出他们想要的解决方案。

> **渐进式创新：**
> 企业成功转型的八大法则

一旦你知道自己擅长什么，客户需要什么，想法和创意就来了。想一想那些通过创新手段让产品和服务热销的故事，你会发现，每一种创新都是为了改变令人不满的现状。

一位工程师的祖母因为患有严重的手部关节炎，导致她无法握住注射针给自己注射胰岛素，于是这位工程师研发了一种能将胰岛素渗透进皮肤里的皮肤贴片；一位个体商人对最后时刻预订航班的高额费用感到不满，于是他开发了一个软件，让客户可以按自己的意愿竞标座位；一位公共卫生工作者成了新型冠状病毒的无症状携带者，并无意中感染了全家人，他开发了一个病人登记册，以研究其他无症状感染者的共同点。这些故事都体现了创新者对客户需求的热情，以及对解决问题的专注。

创新的闸门在你一生中的任何时刻都有可能打开。拉夫·劳伦（Ralph Lauren）创建马球衫品牌时29岁；女演员海蒂·拉玛（Hedy Lamarr）获得"跳频技术"专利［为无线网（Wi-Fi）和全球卫星定位系统（GPS）奠基的信号系统］时38岁；亨利·福特（Henry Ford）开动他的第一条生产流水线时50岁；雷·克洛克（Ray Kroc）创建麦当劳时52岁，那时他还是一名卖奶昔的销售员；本杰明·富兰克林（Benjamin Franklin）发明双光眼镜时79岁。

无论你是16岁还是80岁，你的人生都没有到达"完成时"。从今天开始，选择你擅长的领域，开始创新，把握现在！

前言
伟大思想的火花

💡 发明与创新

"发明"（Invention）一词可以追溯到13世纪，其定义是"找到或发现某些东西"。20世纪50年代，随着越来越多的公司关注和研究专利的外部效益和经济利益，将新发明推向市场成了公司的目标，因此20世纪50年代该术语的使用开始减少。一个新的术语开始出现在词典中，这个术语既有"发明"的意思，也有将新发明推向市场的含义。这个词就是"创新"（Innovation）。

创新一词也可以追溯到13世纪。它最初是一个贬义词，指的是动荡时代任何具有政治破坏性的叛乱或异端行为。几个世纪以来，它的含义已经发生了变化，现在它被用来描述有新意的、有创造性的想法，以及满足市场需求的新方案。在谷歌搜索数据中，创新一词被提到了20亿次之多。

当今的一些批评者认为，创新一词在13世纪的用法更为恰当，现在却成了一个被过度使用的流行语。也许确实如此，但创新是很多首席执行官议程中非常重要的事项。2019年，普华永道会计师事务所进行了第22次全球首席执行官年度调查，受访的公司领导人中，有55%表示他们无法进行有效创新。这些公司领导把创新人才短缺的问题放在了首位，这意味着现在比以往任何时候都更需要有创新精神的人。

诚如批评者所言，创新这个词现在被用得太宽泛了。作

渐进式创新：
企业成功转型的八大法则

作为在创新领域进行教学和研究的从业者，我们对创新进行了分类，以下是主要内容：

1. 渐进性创新是对现有产品或服务进行功能改进或流程改进。例如，吉列剃须刀从单层刀片到三层刀片的改进，这是功能改进；提高供应链合作伙伴之间的合作效率，使产品更快进入市场，这是流程改进。

2. 突破性创新是公司内部发起的对工作方法的革新，通常是由一个多学科的团队来完成，并将产品性能提高一个层次。突破性创新可能会创造出一个新市场，也可能会改变客户与市场或客户与行业的关系。说到突破性创新，不得不提的就是戴森（Dyson）。戴森发明了世界上第一台真空吸尘器，虽然它是基于现有的商业模式，但该公司利用新技术为市场提供了新产品，他们还用这种方法研发了无叶风扇——戴森cool。我曾在一家生物制药公司带领他们进行突破性创新，使其产品更快进入市场。

3. 颠覆性创新彻底改变世界。1995年，哈佛大学教授克莱顿·克里斯坦森（Clayton Christensen）将21世纪最具影响力的商业理念之一——"颠覆性创新"，其定义是：为创造一个新的市场或新的价值网络，颠覆或取代现有市场领先地位的企业、产品、行业组织联盟而进行的创新。优步（Uber）是颠覆性创新的一个例子。优步将购买汽车服务的能力下沉到了低端市场，让每一个人只要有手机、有银行账户就能打到车。它替代了出租车、汽车检修、汽车租赁等服务，并为想要找兼职、打零工的人创造了一个新的工种。爱彼迎（Airbnb）最初提供的是出租气垫床过夜的服务，最终通过民宿业务攀升到了可与酒店竞争的地位，成功改变了我们对过夜住宿的需求和体验。它巧妙地利用营销手段，将消费者的感受从"住在一个陌生人的房子里听起来令人毛骨悚然"转变为"哇，我的房主正在为我准备个性化服务，并为我提供附近餐馆和游玩场所的重要信息"。

外部世界的变化使我们不得不作出改变。根据麦肯锡公司的数据，新冠疫情导致了至少9万亿美元的经济损失。全世界的商业领袖都在密切关注业务变化，思考应该如何应对。比尔·盖茨在《华盛顿邮报》发表的一篇文章中，将新冠疫情的影响比作第二次世界大战对人类的影响，他说有些事情将会发生永久性的改变。他概述了许多应对该疫情并防范疫情复发的创新机会，也指出社会永远需要新的思维方式和做事方式。无论是孩子们上学，人们在餐馆吃饭，还是病人去医院看病拿药，一切都将变得不一样。

对于哪些是创新，哪些不是创新，人们存在许多误解，我对此有一些更深入的想法，稍后我将与大家分享。

渐进式创新：
企业成功转型的八大法则

如何使用这本书来培养创新思维？

本书适用于对推动行业变革感兴趣的读者，或希望更好地了解创新过程的读者，也适用于商科学生。在书中，你将学到我研发并曾用于应对客户和指导学生的创新流程，这套流程也将指导我不断把新想法推向市场。它是一种基于证据的、循序渐进的方法，其中许多方法曾被很多创新创业者采用。

本书根据创新法则分为不同的章节，每一章都有现实案例分析及方法。以下是对这些法则的简要概括，在各章节中你可以了解到更多内容。

马尔尚教授的创新法则

创新始于创新思维。这是一种欢迎变革、倾向于提出问题和解决问题的态度，是重大改变的起点。接下来，还需要制定创新的法则，我总结了成功创新的八大法则。

1. 解决问题才是真正的创新。问问自己"我努力解决的问题是什么？"

2. 一项伟大的创新至少始于 3 个好主意，先想出多种解决方案，然后筛选出 3 个，最后筛选出 1 个。

3. 创新者既是梦想家，也是现实主义者。尽可能简化想法，确认最简化可实行产品。

4.百位客户法则：客户永远是对的。因此，你要去问他们每一个人的需求，思考你的想法是否能满足他们的需求。

5.因为情况不停变化，所以请做好准备随时改变策略！

6.成功的创新来自合理的商业模式和计划，所以，请详细制订商业模式和商业计划。

7.即使胜算不大，你也可以提高成功的概率。采取必要措施，降低商业风险。

8.无推销，不创新。所以，营销手段必须完美！

本书还涉及如何筹集资本，以及你启动创新项目能用上的模板和方法，我们将讨论一些相关的案例分析和一些伟大的创新者的观点。在第1章到第8章的"创新者聚焦"部分，你将会读到我们采访过的有趣的创新者对创新的一些看法。

深入探究最有效的创新类型

自爱迪生时代起，人们对发明过程的刻板印象就是，新发明来源于灵感乍现。但爱迪生本人明确表示，发明是一个有规律的过程，其中包括了发明家的耐心和努力。他说："我的发明没有一项是偶然的。当我发现一个值得去开发的东西，我就会进行一次又一次的试验，直到它被发明出来为止。我把它归结为1%的灵感加99%的汗水。"爱迪生发明能力的关键在于他所在的门罗公园实验室里有一个多学科的创新团队。

他知道，解决方案一定是越多越好，在成功之前，失败是不可避免的。在他成功发明出灯泡之前，为了找到一种稳定的灯丝材料他做了几千次尝试。

创新看起来是什么样子的？它会以多种形式呈现，其中一些我在前文已经列出。让我们来看几个例子。从充血性心力衰竭到帕金森病等，氧化应激是几乎所有已知疾病都会给人体带来的副作用。在我职业生涯的早期，一位同事让我为一种诊断测试技术制定营销策略，该技术可以测量血液中的氧化应激水平。但是这项技术在测量氧化应激水平之后，具体可以解决什么问题呢？这还并不清楚。于是，在我们急于用有限的资金将产品推向市场的时候，遇到了问题：我们有可靠的技术产品，但没有明确的目标——医生会用这些技术来做什么？我们要解决的是什么问题？选择是如此之多，我们无法有效地缩小范围。同事最后无奈把该技术授权给了一个实验室。

这种类型的创新很常见，但并不十分有效。我把它称为"梦想成真"式创新。1989年凯文·科斯特纳（Kevin Costner）主演的一部电影中，一个神秘的声音恳求科斯特纳扮演的角色金塞拉（Ray Kinsella）在他艾奥瓦州的农场里建造一个棒球场。神秘的声音说："如果你盖了，他们就会来。"这是金塞拉走过他的农场时听到的声音。在电影的后面，他们确实来了，前大联盟球员的幽灵，由传奇人物"赤脚乔"乔·杰

前言
伟大思想的火花

克森（Shoeless Joe Jackson）领衔。这是好莱坞电影的桥段，"如果你盖了，他们就会来。"意思是"如果你努力，梦想就会成真"。在企业创新的世界里，"他们"指的是客户和利润。

这种"梦想成真"式创新的影响改变了社会，但最初效率并不高。1968年，明尼苏达矿业及机器制造公司（3M公司）的斯宾塞·西尔弗（Spencer Silver）博士发现了一种黏性高但附着性低的丙烯酸树脂，可用于制造一种不会损坏物体表面的轻质黏合剂。5年来，他一直想要找到自己发现的黏合剂的用武之地，但始终没有成功。直到他的同事阿特·弗莱（Art Fry）决定用这种黏合剂在他的教堂赞美诗中黏贴纸条时，便利贴才得以诞生。这也成为有史以来最受欢迎的创新产品之一。你觉得像谷歌、亚马逊、IBM公司，甚至3M公司这样的公司现在还能等待5年的时间来获得投资回报吗？不太可能。这种类型的创新可能需要一段时间才能奏效，但如果你的目标是快速进入市场的话，这种创新的效率就显得太低了。

让我们再看看另一个例子，你知道最畅销的治疗男性脱发的药，最初是为了治疗高血压而开发的吗？我们所知的落健（Rogaine）生发水的临床试验中，有一些患有高血压的中年男子，其中许多人恰好是秃头。在研究期间，这些人出现了头发再生的现象。虽然这是没有预料到的，但强生公司灵活地调整了研究方向，早于预期的时间推出了治疗男性脱发的药物。大多数人认为这就是创新思维的运作方式，其中必

XV

渐进式创新：
企业成功转型的八大法则

然有一个灵感迸发的尤里卡时刻[①]，"看，秃头的治疗方法出现了！"这种类型的创新虽然有吸引力，但收获这种奖励就像中了巨额彩票一样罕见。这种类型的创新被称为偶然性创新。虽然偶然的创新令人兴奋，偶尔也会成功，但不具有普及性。

如果"梦想成真"式创新或偶然性创新不能产生良好的结果，那么，更有可能通往成功的创新之路是怎样的呢？

让我们再看一个创新的例子，它之所以成功是因为它遵循了解决问题的规律。一位名叫威利斯·开利（Willis Carrier）的25岁工程师在一家印刷厂工作。当时他试图解决导致墨水凝结的湿度问题，他设想着让空气产生雾气，从而使空气干燥。为此，开利设计了一个机械原型，使空气通过水冷线圈，有效地降低了工厂的湿度。他1902年的这一创新不仅改善了油墨质量，还改善了工厂工人的工作环境，也促使了现代空调的出现。开利的解决方案具有深远的意义，这是一种渐近式的流程改进。

最后，是能够永久改变一个行业，永久改变消费者行为方式的"颠覆性创新"。当今的颠覆性创新有：亚马逊公司完全改变了我们的购物体验；网飞（Netflix）重构了我们看电影的方式；贝宝（PayPal）改变了我们的支付方式。

[①] 尤里卡时刻：据说阿基米德洗澡时福至心灵，想出了如何测量皇冠体积的方法，因而喊出了一句："Eureka！"（尤里卡）从此，有人把通过灵感获得重大发现的时刻叫作"尤里卡时刻"。

前言
伟大思想的火花

不过，与其进行难以规划的颠覆性创新，不如从渐进式的变革或渐进式的流程改进开始。为此，我们需要关注我们可以改变的小事情来进行创新。正如我前文提到的那个"糖立方"，是我13岁时一个夏天的早晨在餐厅里吃早饭时孵化出的想法，那是我第一次成功的创新，但不是最后一次。

"糖立方"和开利的空调有什么共同之处？它们都说明了以结果为导向的创新方法是正确的。成功率最高的创新的出发点大多是结合客户意见确定问题，然后系统评估所有可能的解决方案，最后选出最佳解决方案。

这不是偶然性创新，也不是颠覆性创新，更不是只有对策没有问题的创新。它是针对客户确定的问题提出的最佳解决方案。"这需要专注和努力"，正如爱迪生所说。创新者必须充满激情，因为创新需要很多精力。那么，如何使你的公司、你的团队、你自己拥有创新思维呢？

首先，找到你的"糖包"，也就是你要解决的问题。确保这是一个值得解决的问题，一个客户愿意付钱让你解决的问题。然后仔细审视，把它分解成各个部分，从各个角度和多个观点来分析，最终提炼出最简洁明了的问题。

接下来，设计几个解决方案，因为在找到最佳方案之前，你将不得不尝试一个或几个方案。记住，哪怕有的方案不是最适合的方案，这也不是失败，它们只是不是最好的选择。然后，我们需要评估和测试解决方案，选择最适合的方案来

> **渐进式创新：**
> 企业成功转型的八大法则

制作原型。

　　这个过程能提高创新的成功率。正如我在前文中提到的那场演讲过后，房间里的几位公司领导提出了关于提高产品和服务的新想法。一位 IT 部门的领导构思出了一种改善医患沟通的数字工具，并获批进行设计和落地。一位工程师建立了一个以客户为中心的语音识别接口，也就是一个客户版的智能语音助手，以促进更早、更有效地解决分流客户的问题，该产品使得公司的客户满意度在一个季度内增加了 14%。

●启示●

- 把解决问题作为一种思维方式，看到问题时就想办法解决。
- "找到你的糖包"，也就是要找到你所热衷的领域。
- 把解决客户的问题作为你的首要任务。
- 把"失败"从你的词典中删除，用"转折点"来代替"失败"。如有必要，可以随时改变策略，直到成功，并确保每一步都有收获。
- 记住，成功率最高的创新的本质上都是解决问题、满足客户需求的方法。
- 享受这段旅程，虽然有时很艰辛，但创新的旅途会让你充满活力，感到自由自在。

前言
伟大思想的火花

案|例|分|析
临床试验中的成功创新

几年前,我在一家大型制药公司工作,该公司的产品无法高效触达市场,导致每天百万美元的收入损失。导致这一结果的一个主要原因是,公司对临床试验的预测和管理不准确。我们每年进行250项研究,大约90%的研究没有在截止日期前完成,按时完成临床试验是向美国食品药品管理局(FDA)等监管机构提交药品审批的关键步骤。试验延期意味着药品无法尽快送达有需要的病人手中。他们请我主要是为了帮助他们改善临床试验,将药物安全、快速地推向市场。我认为这次挑战是一个创新的绝好机会——创造新方法,解决老问题。在与这家公司的管理层、相关团队,还有同事研究讨论了这个问题后,我发现我们招募病人参加试验的速度太慢了,这是按时完成研究的最大障碍之一。我们是怎么解决的呢?

首先,我组建了一个由专家和股东组成的团队。我们与公司内外的客户和股东进行沟通,观察他们是如何招募病人的,其中哪些招募方法是有效的,哪些是无效的。接下来我们找到了问题的症结:由于缺乏必要的数据,对于在哪里进行试验以及与哪些医生进行试验,我们无法作出良好的商业决策,这导致我们对试验完成情况的预测不准确,并影响了团队管理试验的方法。

接下来,我们集思广益,提出了解决方案。我们了解到,团队选择研究地点时完全基于人际关系,没有绩效数据或选择基准。所以我们

> **渐进式创新：**
> 企业成功转型的八大法则

需要一种收集更多数据的方法，以指导我们做出更好的决策。

我们对几个方案进行评估，并最终根据公司内部和外部不同部门的实际数据设计了一套基于数据的解决工具。我们与临床团队一起对这个工具原型在两个不同项目的团队中进行了试点。

试点结果出人意料。一项涉及 1000 多名患者的大型全球糖尿病研究提前 9 个月完成，这在该公司是前所未闻的。一项针对类风湿性关节炎的研究比预期提前 3 个月完成，不仅为公司节省了资金，而且更早获得了收益，同时更快地将药物送到了患者手中。

决策产品原型和试点工作完成后，我们对其进行了评估，获得了更多的客户意见，并完善了我们的决策产品。我们使工具用起来更容易，并提高了结果的准确性。最终，在与管理层确认获得更多资源后，我们建立了新的模型来扩大规模。研发主管要求将我们的模型和工具列为研究审批程序的一部分，从而保证每项研究都使用了它们。那一年，我和我的团队赢得了公司的创新奖。虽然我们都为获得了这一认可感到自豪，也为我们所开发的产品成为研发协议的先驱感到自豪，但这并不是对我们能力的证明，而是对我们团队所体现出的态度和思维方式的肯定，也就是对创新思维的肯定。

目录

1 / 第一章
   创新法则一：解决问题才是真正的创新

21 / 第二章
   创新法则二：一项伟大的创新始于至少三个好主意

41 / 第三章
   创新法则三：为你的MVP（最简化可实行产品）喝彩

63 / 第四章
   创新法则四：客户永远是对的

87 / 第五章
   创新法则五：学会随时转型

115 / 第六章
   创新法则六：制定商业模式与计划

139 / 第七章
   创新法则七：加强风险管理

163 / 第八章
   创新法则八：没有交流就没有创新

193 / 第九章

及时止损：管理你的创新，如有必要，继续前进

213 / 第十章

女性创新者面临哪些独特挑战？原因为何？

238 / 附录

第一章

创新法则一：解决问题才是真正的创新

第一章
创新法则一：解决问题才是真正的创新

那是 20 世纪 70 年代末的一个复活节，我爸爸在割草时发现割草机没油了。不巧的是，商家在这时已经闭店，所以我们只好临时想办法，或者说创新。

"能不能用绿篱机？或者问邻居借割草机？"弟弟格雷格半开玩笑地问道。

"我们可以把彩蛋藏在屋子里，不放在草丛里。"我提出。

"好吧，在我们解决问题之前，让我们先来看看现在的问题是什么。"即使是家里的一个小问题，爸爸也从不错过任何教育我们的机会。

"为了寻找复活节彩蛋，我们现在必须修剪草坪，但割草机没油了，加油站也关门了。"我立即回答道。

"让我们来思考一下怎么解决割草机需要汽油的问题。"爸爸说，"我们真的没有可用的汽油吗？"

我想了想说，"我们还可以用家里的汽车油箱里的油！"

"我们怎么才能把汽车油箱里的汽油放进割草机里呢？"爸爸问。

于是我跑进屋子里，取出烤火鸡用的滴油管拿给爸爸。爸爸取下油箱盖，将滴油管插入油箱，一按吸盘，汽油一下就被吸进了管子里。但是我们很快发现这个油滴管的取油速度太慢。

于是爸爸从库房里取出了一根约90厘米长的透明塑料软管和一个手掌大小的吸盘，他要制作一个简易汽油泵。只见爸爸把软管切成两半，接着在吸盘上开了两个洞，然后把用作吸油管的软管插在吸盘的两边。最后，爸爸在库房里找到了半管填缝剂来封住这些接口的边缘。

大功告成之后，我把新汽油泵的软管的一端伸进汽车的油箱，弟弟格雷格则把另一端伸入割草机中。爸爸按动吸盘，琥珀色的液体流入了软管。不一会儿，爸爸的割草机的油箱就装满了。

这件事给了我一个启示：创新思维始于用正确的方法解决问题。思考问题最好的视角是探究问题，你要把自己置身于问题之中，去了解问题发生的环境背景以及造成的影响。这听起来容易，但事实并非如此。仔细思考问题，避免得出草率的解决方案，是需要训练的。

"如果我有60分钟解决一个问题，我会花55分钟思考这个问题，5分钟思考解决方案。"这句话虽然不一定准确，但它确实能很好地提醒我们，三思而后行。

"苹果"创始人史蒂夫·乔布斯（Steve Jobs）说："我认为，计算机是迄今人类发明的最了不起的工具，对我们的大脑来说，它就相当于一辆用来加速的自行车。"我们对问题的体验式探究过程也像大脑的一辆自行车，使我们能更快搞清楚问题所在，并思考出解决方案。

💡 制约因素反而有利于更好地解决问题

正所谓"需求乃发明之母"，没有什么比新冠疫情更能证明在需求因素的基础上解决问题的优势。这次疫情，尽管对全球公共卫生和经济稳定造成了毁灭性破坏，但也催生了现代一些最重要、最持久的创新，如购物、社交、看病、上学，甚至上班的新方式。

让我们看几个疫情催生的创新的例子。

问题：如何开发疫苗以满足全球需求。在疫情之前，只有三家制药公司从事疫苗开发业务。

解决方案：由于全球对疫苗技术的需求和政府的鼓励，十几家公司现在正在研究多种候选疫苗，甚至有些从未推出过药物的公司都率先将疫苗推向市场，包括莫德纳（Moderna）和复必泰（BioNTech）等，后者还与大型制药公司美国辉瑞公司（Pfizer）达成了合作。

问题：呼吸困难的新冠病毒感染患者需要大型呼吸机，但医院里带有大型呼吸机的床位有限。

解决方案：特斯拉（Tesla）和美敦力（Medronic）接管了纽约布法罗（Buffalo）市的一家工厂，并开发了第一台可用于门诊的电池供电的移动呼吸机。

问题：疫情切断了人们之间的面对面接触，商业会议和教育课堂如何开展？

解决方案：由于新冠疫情，视频会议公司 Zoom 的股价呈指数级增长，人们对商业和教育视频会议的需求增长到了创纪录的水平，面对面的交流不再是必须的，一种新的具有独特优势的工作和交流方式出现了。

问题：人们无法去医院或诊所，如何看病？

解决方案：像 Teledoc 这样的远程医疗公司正在发展壮大。在疫情期间甚至之后，从患有鼻塞的孩子的父母到需要医疗监护的老人，许多人都更喜欢使用在线服务来获得医疗保健服务。2021 年美国疾控中心报告显示，远程医疗现在仍是美国数百万人选择的一种高效的医疗保健方式。

这些问题和解决方案现在看起来似乎显而易见，但当时都需要创新者设身处地去观察问题，找到每个问题的原因，进行客户研究并吸引投资者的兴趣，创造新的产品、服务和新的做事方式，这一切都需要在资源有限的情况下快速行动。然而，如果你都不清楚问题是什么，只分析制约因素，就会产生负面结果。

首先，你必须正确诊断问题是什么。

正如前文中所提到的，在我成为创新者的早期，一个同事让我帮助他推出一项新技术。他从以色列一家研究实验

第一章
创新法则一：解决问题才是真正的创新

室获得了一项技术许可，用于诊断测试，可以测量氧化应激（大多数疾病的副产物）。这项技术非常不错，我们还召集了各种疾病的氧化应激专家来帮助我们确定研究重点。当时，我们遇到的困境是：我们有先进的技术，有解决方案，但没有明确的目标。医生会怎么处理这些信息？我们在解决什么问题？这些都不清楚。选择如此之多，以至于我们无法高效地缩小范围。最终，这个同事未能将这项技术商业化。在这个例子中，我们缺乏对问题的明确定义，也没能对市场关心的问题有清晰的表达。事实上，发展一项技术首先要寻找一个需要解决的问题，如果问题都没搞清楚就开始创新，后面再回头风险很大。这个例子给了我一个教训：不要只为了追求商业利益而创新。

出现这种情况的不止我和我同事。许多公司都没有对市场和客户进行仔细调查，没有明确要解决的问题是什么，就过于频繁地推出新产品。在一项对来自17个国家的91家私营和上市公司的106名高管的调查中，85%的人认为他们公司在问题诊断方面做得不好，87%的人说问题诊断失误对公司造成了严重的财务影响。管理层都喜欢迅速行动，他们往往急于进入寻找解决方案的模式，而不检查他们是否了解问题。尽管许多公司聘请顾问培训他们的领导团队进行根本原因分析、提出正确的问题、重新定义问题以及其他技能，但通常结果并不让人满意。

如何避免这种"先开枪，再瞄准"式解决问题的方式？在开始行动之前回答以下具体的问题。

问题识别过程中要回答的问题

1. 问题是何时何地首次被发现到的？发现的必须是日常生活中自然而然发生的事件。

2. 它重复出现的可能性有多大？一个问题必须以一定的频率重复出现才能成为一个问题。

3. 需求是什么？这个问题有多重要？有多少人受到影响？付出了什么代价？

4. 你对这个问题有什么设想？你是否对这些设想提出过任何质疑？

5. 你能解构这个问题吗？汽车制造专家告诉特斯拉首席执行官埃隆·马斯克（Elon Musk），电池驱动的汽车成本太高，人们负担不起。于是他将问题进行了分解，将电池原料分为镍、铬、钴三种元素，并在市场上分别采购每种元素，这样便大大节省了成本。但他并没有就此停止，他想出了一个不用钴的方法，而钴是三种元素中最昂贵的元素，最终马斯克把电池的价格降低了 2/3。

6. 你能证实这个问题是真实的，是值得解决的吗？请证实你正在解决的问题是目标受众正在经历的问题，并确保解决方案会得到客户的好评，这非常重要。

既然你知道了如何正确地提出问题，那么让我们来看看如何确定一个真正需要解决的问题。

有效确认问题的方法

下面是诊断问题的方法示例。这些方法不相互排斥，你可以根据团队的情况组合这些技巧或自行排序。

技巧1：提出更好的问题！

想要解决一个问题，并找到更好的解决方案，最好的方法是什么？——从提出更好的问题开始。这种方法在大家都很难得出更好的解决方案的情况下非常有效。因为一味地寻求解决方案只会使情况越来越糟糕，大家都想着怎么用更好的答案把别人比下去。

我曾在团队的一次头脑风暴中尝试过寻找解决方案的方法，我把解决方案写在墙上的便利贴上，结果只不过是满墙的黄色、粉红色的注释。很明显使用这种方法并不能显著提高团队成员的士气。我们想用新的、更好的方法来招募病人进行临床试验，但解决方案越来越离谱。

"今天剩下的时间里，让我们忘掉解决方案，"我说。"让我们来回归本源。看看今天早上我们在黑板上写的问题，关于这个问题,你们有什么想问的?"我给了他们 5 分钟时间,让他们尽可能多地写下他们能想到的问题。然后大家依次发言。就这样,每个人都在贡献自己的一份力量,一个问题接着一个问题接连给我们提供了一些有趣的方向。每个人都有问题,包括平常很安静的埃里克也问,"这个问题真的是正确的问题吗?"这提醒了我们,我们要多关注客户的问题,少关注我们自己的问题。我们的问题是医生无法在规定时间内为糖尿病临床试验招募足够的患者,但我们是否了解医生招募试验者遇到的困难到底是什么呢?

于是,我们回头围绕着客户而不是我们自己重新梳理了问题,这是一种叫作重构的方法。这次我们专注于诊断问题是否正确,而不是急于寻找可能的解决方案。最终,我们收获了许多启发和机会去改善我们的客户体验。从那以后,我把提出正确的问题作为我解决问题的关键点。新的问题会产生新的见解和观点,可能转消极为积极,并帮助我们从不同利益相关者,尤其是客户的角度出发重构问题。

问题导向的提问包括:

- 我们怎样描述这个问题?
- 关于这个问题,我们了解哪些事实?
- 我们对这个问题有什么假设?
- 我们对这个问题为什么存在有什么假设?
- 谁会受到影响,如何受到影响?(举例说明每个利益相

关群体是如何受到影响的）

- 每个利益相关方目前是如何处理这个问题的？
- 目前的解决办法与预期存在哪些差距？

技巧2：重构问题

为确保你和你的团队正在解决的是正确的问题，可以使用另一种方法即重构。正如上面的例子中所提到的，这需要我们从不同的利益相关者的角度来看待问题，包括客户、供应商、制造商。

为了激发团队重构问题的活力，你可以给他们分享一些真实案例。这里举一个简单易懂的例子——人们抱怨排队时间过长的问题，比如为了看一场音乐会、电影、体育赛事，或者商店开业等活动，人们需要排很长的队。一种方法是分析为什么需要等这么长时间，并尽可能减少等待时间；另一种方法是观察人们是如何度过等待时间的，以及他们为什么会感到沮丧和无聊。这种对问题的重新界定使我们产生不同的见解，以及有创造性的方法去解决问题。例如，纽约的一家百老汇剧院派演员装扮成不同的角色混在人群中。演员们通过讲故事、开玩笑以及和观众合影，从而使他们甚至都忘了自己在排队。又或者在一座多层办公楼的入口处安装一面镜子，显然，在门口等待时照照镜子，时间会过得更快。

重构过程的步骤包括：

- 将局外人（各方利益相关者）代入讨论中，以获得看问题的不同视角。
- 以书面形式清晰定义问题。
- 从各种角度检查问题陈述中缺少什么。
- 考虑问题的多种情况。在什么情况下，这个问题比其他问题更紧急？在上面的排队例子中，如果是一个天气很好的傍晚，人们和朋友出去娱乐时，更有可能容忍排队的问题，更有可能被成功分散注意力。
- 分析问题积极的一面。在什么情况下，这个问题就不是问题了？
- 经常且有力地质疑假设，消除思维定式和偏见。

技巧3：类比"这个问题就像……"

比尔·盖茨喜欢用类比来解决问题。他说，解决问题或实现目标最好的方法是找到已经解决这个问题或实现这个目标的人。在博客中，他写道："从十几岁开始，我就用这样的方法解决每个重大问题。这个方法从问两个问题开始：谁已经很好地处理了这个问题？我们能从他们身上学到什么？"

公司喜欢用这种方式解决问题，因为它风险低，不需要什么创造力。这就像当汽车行业想要制作一个汽车的虚拟模型时，他们就会想到"数字孪生"技术。他们复制了密歇根大学的一名研究人员在2003年发明的一项技术，该技术自20

世纪 60 年代以来就一直被使用，当时美国国家航空航天局为其各种地面空间任务创建了物理复制系统，以在虚拟环境中测试其设备。

数字孪生技术是一种对实体进行虚拟复制的技术，使创新者能够深入查看数据，并能监控系统以规避风险、管理问题，并使用模拟实战来测试未来的解决方案。它可以帮助技术人员进行根本原因分析并加速问题的解决。数字孪生技术现在被更广泛地应用于人工智能领域，来改善供应链规划和管理，尤其是在新冠疫情之后，当时供应链面临挑战，缺少个人防护装备、呼吸机、口罩和其他设备及用品。江森自控（Johnson Controls）和微软（Microsoft）等公司正在使用数字孪生技术来创建智能、环保、可持续性建筑。

技巧 4：解构问题

解构法与类比法相反，它涉及关于一个问题全新的信息和解决方案。企业家埃隆·马斯克就使用过这种方法。他称之为"第一原则"，包括以下步骤：

步骤 1：确定并定义问题

步骤 2：质疑你当前的假设

写下你的假设，然后系统地质疑每一个假设。

步骤 3：把问题分解成基本原则和基本要素

像检查一棵树一样思考这个问题。按顺序检查，先看主干，再看大树枝，最后研究树叶这些细节之处。

步骤 4：从头创建新的解决方案

在分解问题、处理假设并把问题拆解成基本要素之后，你才应该从头开始创造新的、有深刻见解的解决方案。

步骤 5：别忘了客户

上述这些解决问题的案例和方法有什么共同点？它们在问题识别方面有着相同的基本方法——在新的解决方案出现之前，创新者必须先确定和了解客户面临的问题，观察并找到看待创新过程、步骤和事件的新方法。那些被我们仔细观察的问题，无论是割草机无法启动，还是全球新冠疫情，反过来都为描述客户需求提供了基础，这正是创新过程的基本构成要素。

案例研究
新冠病毒感染疫苗：有时代意义的创新

当 2020 年年初新冠疫情出现时，美国医疗卫生行业的高管表示，根据目前的药物和疫苗研发进程，2~3 年时间美国将能成功研发出疫苗，并获批投入使用。然而，随着全球新冠病毒感染率和死亡率不断上升，更别提经济遭受的巨大危机，显然，新冠病毒感染疫苗 2~3 年才能研发成功的时间太长了。

在新冠疫情暴发之前，从病毒采样到获批，最快的疫苗研发时间

第一章
创新法则一：解决问题才是真正的创新

是4年（20世纪60年代的腮腺炎疫苗）。所以在当时，到2021年夏天疫苗能成功研发出来的愿望似乎也是非常乐观了。然而，2020年12月初，好几种新冠病毒感染疫苗的研发者宣布，经过大规模人体试验，疫苗效果很好。2020年12月2日，美国辉瑞（Pfizer）制药和德国生物新技术公司（BioNTech）联合研发的疫苗成为第一个经充分测试、被批准用于新冠病毒感染的疫苗。

这是如何做到的呢？这两大公司的研究人员为何对市场的反应变得如此敏捷，他们又是如何打破疫苗研发速度纪录的呢？

正如我们所指出的，他们始于提出好的问题：为什么需要2~3年的时间？如果我们的方法可以永远改变疫苗的研发方式，会带来什么？我们是否能在一年内结束整个研发过程？利用解构的方法，疫苗研发工作有哪些步骤？

答案是：人体测试、监管批准、生产和分销。

然后他们把每一步都分解开，提出疑问，整个过程中，耗时最长的是哪一步？最复杂的是哪一步？风险最大的是哪一步？为什么？他们利用此前多年对相关病毒研究的经验，于2020年1月得出了新冠病毒的RNA（核糖核酸）序列，从而加速了疫苗测试过程。他们还研究了批量生产疫苗的更快方法。不只是内部的改变，外部的支持也加速了疫苗的问世。大笔的政府拨款使他们能同时进行多项试验。监管机构也快速审查和批准数据。此外，美国政府为"曲速行动"（Operation Warp Speed）计划投入了超过100亿美元，用以支持制药公司的疫苗研发。

> **渐进式创新：**
> 企业成功转型的八大法则

> 结果，他们就收获了有史以来研发和获批最快的疫苗。这就是创新思维的力量。

创新者聚焦

菲尔·麦金尼（Phil McKinney）

电缆实验室公司（CableLabs）总裁兼首席执行官，惠普（HP）前首席技术官

创新者资历

惠普前首席技术官菲尔·麦金尼创建了惠普创新计划办公室，为这家计算机巨头开发新产品和新服务。这个部门推出了好几个创新产品，包括视频共享平台；三维显示技术；获奖的黑鸟002，一款高端游戏电脑；火鸟，一款使用笔记本电脑技术的游戏电脑；还有 Envy 133，世界上最薄的碳纤维笔记本电脑，在 2009 年获得了设计奖。这些创新和其他创新使惠普连续三年成为《快公司》（*Fast Company*）（美国最具影响力的杂志之一）上 50 家最具创新力的公司之一。

麦金尼目前是电缆实验室公司的首席执行官，这是一个创新研究实验室，由 35 个国家的 60 家最大的电缆公司

第一章
创新法则一：解决问题才是真正的创新

资助。电缆实验室公司立志使宽带速度更快、响应更快、更可靠、更安全，使有线网络成为人们娱乐和通信的选择。麦金尼还是黑客自闭症咨询委员会的成员，也是技术领英集团（Techtrend Group）的董事会主席，这个集团主要投资发展中国家，以创造促进经济增长的就业机会。他是《超越表面》（Beyond the Obvious）的作者，也是播客《杀手级创新》（Killer Innovations）的主持人。最近，麦金尼在多频道新闻（MultiChannel News）2020 年行业观察名单上被评为变革媒体生产和发行的最有影响力的人之一，并获得了 2021 年广播及有线电视科技领袖奖。

最出名的创新成就

麦金尼 1988 年的第一项创新具有广泛的影响——拇指扫描，一种只允许授权用户在计算机上登录的设备，其核心技术就是现在警察局、安全行业，甚至智能手机上使用的指纹扫描技术。

经验教训

麦金尼在惠普期间，并不是每项创新都是成功的。惠普曾发行过惠普平板（HP TouchPad）与苹果平板（iPad）竞争。尽管它与苹果平板相比有一些软件上的优势，但收效甚微，在零售店只卖了一个月就退出了市场。

但作为一个终身学习者，麦金尼认为这是宝贵的经验。他说，认为过去获得了成功就一定能带来未来的成功是一种偏见，复制之前获得成功的过程，并不意味着就能再次获得成功。

作为惠普的首席技术官，麦金尼说，从电脑到平板电脑再到游戏设备，他花了很多时间发现和解决问题。在顾客购买这些设备时，他通过观察甚至与他们交谈来获得问题的线索。

创新者启示

"每天问自己几个关键性问题，永远不要相信你过去的成功能保证未来的成功。"

麦金尼最喜欢问的关键性问题有：

怎样才能让客户的生活更轻松、更有趣？

为什么客户要购买我们的产品而不是竞争对手的产品？

关于我们的产品和公司，客户有什么不满意的地方？

实践：把识别问题的原则投入实际行动

在本章中，我们讨论了正确识别问题的重要性，提出正确的问题并找到解决问题的方法，我们将这部分统称为"创新思维第一法则"。那么，接下来要做什么呢？你要解决的问

第一章
创新法则一：解决问题才是真正的创新

题在哪里？

假设你和首席财务官交谈，也许他们会告诉你，他们的困境是如何使将产品推向市场的成本减半；或者通过拜访呼叫中心，你会了解到，公司面临的一个关键问题是成本效率：如何确保客户满意的同时将每次呼叫花费的时间减少1/3；再或者，你和装卸码头领班交谈后了解到，他们想知道如何重复使用运输工具，以降低成本，并达到环保的目标。

一旦你学会了和恰当的人交谈来发现问题，你就能学到所有你想学的东西。当然，除此之外，你还需要寻找数据，事实和足够的信息将为你看待问题提供更多维度和视角。

建议你给自己买个笔记本。发现问题之后就要去观察问题，并把它们写下来，辅以图片和表格来提供观察问题的新视角。与你的客户、首席营销官、产品创新主管、IT主管以及你公司的业务和职能领导交谈。提出很多问题并加以检验；分层次列出制约因素；开发多种解决方案；选择一个或两个解决方案，并验证它们是否符合客户和利益相关者的需求。如果策略需要稍微改变，要大胆去学习并调整你的策略；如果所有的解决方案都不行，那么就继续前进，不要回头，只要确保每一步都学到了经验教训。

在接下来的章节中，我们将更深入地研究其中的一些步骤。但是当我们在前进的时候，记住这一点：创新思维源于好奇心，要知道什么能给你带来进步，并以此为出发点，寻

> **渐进式创新：**
> 企业成功转型的八大法则

找你的热情和目标。此后，你就可以确定一个领域进行探索，一个你发现值得让你解决问题的领域，一个你热爱并与你的价值观一致的领域。

第二章

创新法则二：一项伟大的创新始于至少三个好主意

第二章
创新法则二：一项伟大的创新始于至少三个好主意

💡 如何想出至少三个好主意？

兰迪示意我到会议室外面和他聊聊。他的团队刚刚结束了第一天的早会，结果喜忧参半。"你要对他们再严格一点，"他平静地说，"我刚才听到的方法对他们起不了什么作用，我们需要一些大的解决方案来实现我们的行业增长目标。你需要我给他们做个会前动员吗？"

我透过玻璃墙看着该公司的机械工程师和客户经理们，他们坐在会议室里，旁边摆满了挂图、便签、彩色记号笔、空咖啡杯和糖果包装纸。有几个人在小声谈话；还有几个在回复短信；另外几个人在白板前认真地重新整理早上头脑风暴中的便利贴，以回应兰迪的反馈。这是一群机械工程师和电气工程师，聪明且讨人喜欢。他们上我的培训班学习如何站在客户的角度思考问题，以及如何扩大他们的业务，设计和开发医疗设备的关键部件，这些医疗设备最终会卖给患者（这家公司是世界上最大的医疗设备制造商）。他们努力工作了一上午，回顾行业趋势；评估与他们争夺客户的竞争对手，以及他们的业务目标和战略计划；提出了许多他们认为客户面临的问题。但有几个人一直在努力阐明客户目标、战略倡议和问题陈述之间的区别；所有人都急于集思广益地提出技术解决方案，而没有充分理解客户面临的挑战、风险和问题。我们的培训以一个活动开始，叫作"大创意小插曲"，这是一个很受欢迎的激发新点子的方法。但我在30分钟后让大家停止了这个活动，因为我看出大家并没有准备好。这种方法需要人们对产品的最终用户有很好的了解，很明显，这个群体对糖尿病患者的需求不够熟悉，无法产生有用的想法。

兰迪在午饭时突然造访，我就知道我将面临一个挑战。他是这家价值200亿美元的医疗设备制造公司医疗保健部门的总经理，专门负责生产塑料和电子部件，总部设在佛罗里达州坦帕。兰迪查看了挂图和白板，问他的团队成员"优秀的创意在哪里？""我把你们带出来培训两天了，成果在哪里？""我们的竞争对手正在打败我们，我们将如何应对？"

几个成员尴尬得脸色通红。

我让兰迪看了我们早期头脑风暴的结果。我向他保证，优秀的创意很快就会出来，让他一定要相信这个过程。那时，我看到他搓着双手，显然对公司的季末业绩感到焦虑，但我确信，他所说的"动员"无法改善情况。"我很感谢这个提议，"我微笑着对他说，"但请给我一个下午的时间和他们在一起，我们还有更多的工作要做。我们还是按原计划，明天上午晚些时候再和你见面吧。"

第二章
创新法则二：一项伟大的创新始于至少三个好主意

兰迪看起来松了一口气，点头表示同意。我回到会议室，宣布 15 分钟之后继续开会。我走向房间后面的玻璃墙，向外眺望着湖面，鸭子优雅地浮在水面上，三五成群的员工在湖边的木制野餐桌上笑着享受他们的午餐。在五月正午的阳光下，这个公司宁静而惬意。人们永远无法想象，由于过去两个季度都没有达成财务目标，风暴正在公司内部酝酿。兰迪来过之后，我努力思考如何增强这个团队的信心，以及我们可以做些什么来产生一些真正的优秀创意，并将其转化为新产品和解决方案。

我知道自己有一个秘密武器已准备就绪，希望它可以激发兰迪希望看到的那种创造性思维，也证明我不是白拿顾问费的。

"好了，"我提醒大家会议开始了，"今天下午，我们开始使用一个新的方法。我想改变一下我们的讨论思路，通过你们'客户的客户'，也就是从糖尿病患者、医生及关心患者的家庭成员们的视角来看待糖尿病。我们要来观察糖尿病患者的经历和感受。"

"我不太了解病人的看法，因为我不太熟悉糖尿病，"工程负责人艾维克承认道，"但我喜欢这个主意。"

这在我的意料之中，于是我请出了我的同事简——一个糖尿病护士教育工作者，一个患有糖尿病的女孩的妈妈，一个典型的、专业的护士。"大家好，"她笑容满面地向大家打招呼,"罗琳告诉我,你们是制作测血糖的血糖仪、注射胰岛素的胰岛素笔和监测器的人。而我将会是你们的客户。很高兴见到你们。"

工程师们对这个意想不到的客户的到来感到非常惊讶,"一个客户……这里?"好像一些工程师还没反应过来。

简给他们讲述了不同病人的故事,包括儿童、成人、孕妇,描述了每种类型的病人在糖尿病各阶段的典型经历,并阐释了病人和他们的家人在每一阶段面临的问题、挑战和所做的决定。简还分享了自己女儿小时候被诊断患有糖尿病的经历,描述了女儿口渴和体重减轻的典型症状,以及女儿开始上幼儿园之后,她和丈夫身为家长的恐惧和焦虑。"我们把她的胰岛素笔和血糖仪装在一个专门的袋子里,让她带到学校去,"简说,"仔细想想,也许当时是你们制造的其中一个血糖仪,保护了她的安全。"

研讨会成员之一戴夫听后非常感动,当简介绍完之后,他举起了手。"简,"戴夫略显笨拙地说,"我不得不说,你的故事真的很精彩,让我对我们正在做的事感到很欣慰,非常感谢你。"

确实是很感人的互动,我希望它能使大家从不同的角度思考问题。现在是时候利用简的出现来实现我们的目标了。我把这25人分成了5个小组,每组都由产品工程主管和客户经理组成,并给他们分配了任务:"我希望你们在各自的挂图

第二章
创新法则二：一项伟大的创新始于至少三个好主意

上画出病人病程图的每个阶段，从诊断到治疗，直到生命结束。在此过程中，大家要找出问题并提出问题，然后把问题写在便利贴上。"

休息的时候，产品设计师埃里克来找我，他说："谢谢你的这个练习，我努力阅读过关于糖尿病护理的内容，但从来没有以这种方式考虑过病人的需求和感受。我学到了很多。"

当会议继续时，我们在会议室里转了一圈，宣读了每个小组的见解。

此时，所有人的思路都被打开了：一个对糖尿病并不熟悉的客户经理，听说简的女儿晚上读血糖仪很困难，经常胰岛素不是打多了，就是打少了。"我都不知道血糖仪上的数字太小了，"他说，"是的，我也没有意识到病人贴在手臂上的血糖感应贴片可能会撕裂，不得不经常更换。"一个营销负责人补充道："真痛苦，尤其是对小孩子和他们的父母来说，我在想什么产品能让这些糖尿病儿童的父母生活得轻松些，"另一位工程师说："我们怎样做才能让他们的孩子在上学和做运动时，他们不用担心。"

到一天结束时，他们仍然充满创造力，并已经发现和提出了很多问题。"有多少人愿意晚饭后继续开会？"我问道。我知道他们有些累了。

每个人都举手了。"我们一下午有很多收获，继续前进吧，"塞布丽娜喊道，"我们明天必须和兰迪会面，这次我们要准备好一些优秀的创意。"

那天晚上我们一直工作到10点30分,我们开始细化问题陈述,概述仍需探讨答案的关键问题,并选择三个问题进行头脑风暴,寻找解决方案。

第二天早上7点30分,我们再次聚集开会,甚至他们还没喝咖啡,团队就充满了活力。是时候对会议进行一个总结了,我们要集思广益提出解决办法。在此过程中,我们使用了最终用户体验方法,我们专注于将问题与解决方案相匹配,比如"这个问题导致我们的用户难以……""使用我们的解决方案,现在用户可以……"最终,我们将思路缩小到解决两个问题:夜间读取血糖仪指数困难和血糖感应贴片的破损问题。然后,我们为每个问题选出了三个解决方案,并确定了最适合做出最小化可行产品的方案——带小夜灯的血糖仪。

对于血糖仪,我们采用了一个新设计,新的血糖仪将带有背光功能,它可以自动感应房间里的光线——打开血糖仪时,如果房间黑暗,灯会自动亮起,这样读取数据就容易了。血糖感应贴片的破损问题通过在贴片上设计一个小塑料帽来解决。从孩子的角度出发,他们还设计了带有超级英雄和迪士尼角色图案的防水贴纸。

这次活动之后,这个部门的员工带着他们的"带小夜灯的血糖仪"与一个重要客户(世界上最大的糖尿病设备制造

第二章
创新法则二：一项伟大的创新始于至少三个好主意

商之一）举行了一次用户体验研讨会，客户非常看好这项新设计。"之前我真不确定我们能做得这么好，"兰迪承认，"和你朋友的会面以及我们从你身上学到的东西，真的改变了我们'如何与购买和使用我们产品的人交流'的视角。这家制造商的顾客满意度评分提高了好几分，我们整个团队也变得非常振奋！"

毫无疑问，简的意外出现对于团队是一个转折点。但是，我认为这件事真正反映的是，考虑最终用户对于产生新的想法是多么重要。甚至可以说，如果没有客户视角，创新就难以成功，客户视角对于产生新想法和得出新的解决方案至关重要。

产生新想法

新想法从何而来？难道是在梦里，在大脑长时间充斥着内啡肽之后？或喝了杯酒之后，它突然进入我们的脑海？在有组织任务的情况下，我们不可能坐等谁的灵感突然来袭。最具创新性的组织都有一个系统，一个培养新想法的过程，它包括一些基本的方法和原则。下面举例的是一些常用的方法（我在前文的案例研究中提到了其中的一些）。

渐进式创新：
企业成功转型的八大法则

方法1. 大创意小插曲

它是什么？

把优秀的创意想象成故事板上的一幅画面，用视觉描绘出这个想法是什么样子。这时你要产生的是想法，而不是解决方案。例如，优秀的创意是"我们的客户在出发前最后1分钟能订到最便宜的机票。"解决方案可能是"航班状态要在软件上实时更新。"

我们为什么要这么做？

用这种方法，我们可以快速地产生一系列可能的解决方案来满足用户的需求。

我们应该怎么做？

这个活动始于一个好的激励，比如一个需求陈述、一个用户故事或一个痛点。比如"产品研发人员需要一个通道，与他们的设计团队交流，以便更快地制作原型。"就像前文中糖尿病设备制造商的案例研究一样，你要关注最终用户。在讨论中讲述最终用户的故事，始终将他们放在焦点位置。一开始，欢迎所有的想法；然后，总结归类，形成模板，选择出最合适的想法。在这个简单的例子中，针对"产品研发人员需要一个通道，与他们的设计团队交流，以便更快地制作原型。"这个问题的想法可能包括"想要什么直接拿""一条连接设计团队的咨询热线""一个实时交流想法的公共工作区"。当你把这些想法总结归类，就获得了提高研发者和设计者沟通效率的相关解决方案。

方法 2. 故事板

为什么我们使用这种方法？

讲故事使人们能直观地理解你的想法是如何融入用户的世界的。这种方法将你的想法以视觉形式展现，使他人能理解得更清晰。

何时应该使用此方法？

当你明确知道了你想解决的问题是什么，以及为谁解决问题时，故事板就会起到很好的作用。如果你需要快速直观地分享关于用户需求的想法时，你可以随时绘制一个故事板。

如何开始？

从一个故事开始。确定角色、背景和情节。比如一个儿童被发现患有糖尿病的经历：老师发现那个孩子一天当中的精力变化异常，后来孩子被诊断患有糖尿病。然后挑选出一些能从头到尾展现情节的场景。一定要包括重大事件、背景的变化、情节的曲折或新角色的出现。把你的故事板想象成连环画，将速写与人物台词、思想泡泡、动作、字幕和解说结合起来。

方法 3. 用户体验路线图

为什么？

用户体验路线图可以帮你探索你想让用户拥有哪些长期体验，以及你想让用户在不同阶段做哪些事。

何时使用？

一旦你确定了用户的问题和需求，并有了解决这些问题的想法，这个方法就会发挥最佳作用。

如何开始？

在白板上写出，"我们的用户能/将能够……"这样的陈述。在白板左边标记短期的用户体验，右边标记长期的。这种方法也有助于建立我们将在下一章研究的最简化可实行产品。

产生想法的最佳过程

- 明确你的目标。
- 自发地、大量地进行头脑风暴。
- 记住，只要有想法，就是好的，不要自我批评、自我否定。
- 详尽地记录想法。（使用白板记录下来，无论是电子的还是实物的白板都行）
- 不要死磕一个想法。（会议开始阶段，让大家集思广益

第二章
创新法则二：一项伟大的创新始于至少三个好主意

- 30~45 分钟后，总结并找出最有希望的想法，在此基础上再接再厉。
- 提炼这些想法并确认优先级。
- 认可每个人的参与和创新思维。

💡 创造力是创新的代名词

创造力这个词通常与艺术家、音乐家和作家联系在一起，这些人可以通过他们的天赋和想象力，原创出画作、交响乐和文学作品。但我相信，世上最具创造力的一部分人是创新者。

创造力可以被习得或增强，这一概念对我们这些寻求创新、创造变革的人有着重要的意义。在很多人身上都能找到创造力，想想孩子们拥有的好奇心和创造力。好几项研究表明，人们的创造力在一年级左右达到顶峰，然后随着生活变得越来越有条理，被他人和学校限定，孩子的创造力就会下降。因为当孩子进入学校时，智力训练和严谨性变得非常重要，随着孩子在学业上的进步，他们把重点都放在了逻辑、推理和分析上。与之相对的，他们的创造力受到的重视程度就低多了。这就是为什么一个组织要想在有限时间内解锁自己的创造力去进行有效创新、产生新想法，头脑风暴很重要。

渐进式创新：
企业成功转型的八大法则

头脑风暴：产生新想法的集体合作过程

虽然头脑风暴这个词经常被人们随意使用，有人认为自己随意跟一个同事提出一些想法就是头脑风暴，但是，它实际上是一个很正式的团队过程。在头脑风暴过程中，不同背景的参与者充分利用他们的知识、理解力和创造力，提出比个人更多的创新想法。来自组织不同部门的人员，如产品设计、产品管理、市场营销、销售和运营聚集在一起，形成一个多功能的团队，不同的想法相互交流碰撞。

头脑风暴使创新者打开思路，接受大量的创新思想，抛开先入为主的观念，超越他们在确定问题时有意识或无意识形成的解决方案。当新想法产生时，参与者不评价其好坏，这样效果最好。尽管这对于聪明的商人、工程师和科学家来说可能很困难，就像我接触的制造业客户那样，因为他们的大脑中总是有固定的参考答案。

头脑风暴适用于各种不同阶段：解决问题，提出问题，确定解决方案，检查市场分割、商业模式和战术挑战。头脑风暴持续地激发群体的创造性思维。创新过程中的每个阶段都会出现新的信息，这些信息对于业务发展大有裨益，所以团队应该做好准备随时回到头脑风暴模式。

下面是头脑风暴的5条规则，它们基于美国艾迪欧（IDEO）公司所教授的模型，这是一家1991年在加利福尼亚州帕洛阿

第二章
创新法则二：一项伟大的创新始于至少三个好主意

尔托成立的一家产品设计公司。该模型使用的设计思维，是一种以人为中心的创新方法。这种方法从设计师的创新方法中提取，结合了客户需求、技术的可能性和商业成功的要求。以下是设计思维的基本规则。

规则1. 视觉思维

视觉思维始于头脑风暴发生的空间。挂图、白板、便利贴、彩色记号笔，甚至玩具和小工具都很有用，还要有一两个抄写员做笔记。这样可以创造一个思想流动的环境。每个人都要能看到正在写的东西，清楚易记的标签和标题有助于大家记住头脑风暴的内容。你还可以使用卡通形象和人物角色来交流信息。例如，在一家眼科公司的头脑风暴中，为了激发思维，我们创造了一个角色，并让一位漫画家画出了这个角色做眼科检查的经历。你可以让大家把想法写在便利贴上，然后分类粘贴在白板或挂图上，以确保不遗漏任何人的想法，然后在会议室某个地方把相关的想法都集中在一起，用箭头表示这些想法是如何相互关联的。

当面对面的头脑风暴不可行时，我们可利用现有技术进行数字头脑风暴，如可以在虚拟白板上列出我们的想法，并将它们移动到不同的类别中，以便团队成员可以相互借鉴。另一种记录笔记的方式是通过数字论坛，我们可以在他人展示和讨论期间实时记录想法和回应。新冠疫情期间，

> **渐进式创新：**
> 企业成功转型的八大法则

我在 IBM 的沃森健康工作，当时人们被要求在家办公一年多。在此期间，我们借助虚拟白板来进行头脑风暴，协作设定目标，甚至向客户验证我们的想法。在进行头脑风暴和小组会议时，我们还利用 Trello Boards[①] 等社交论坛实时收集反馈。此外，在视频会议中，我们使用分组讨论室和白板等进行小组工作会议。这些技术模拟了我们在同一个房间里开会的情景，让我们能互相聊天，并激发了充满创造力的对话。

规则 2. 推迟判决

在所有的规则中，推迟判决可能是最违反直觉和最难遵循的。我们需要停止任何批判性的想法或评论，直到整个创新过程的后期。毕竟，头脑风暴的目的是激发个人和团体的创造力，而实现这一点的一个方法就是接受任何新的想法，即使是一些看起来不切实际或愚蠢的建议，然后继续讨论下一个想法。学会推迟判断对许多人来说是有挑战性的。如果是第一次接触创新过程的人，跟他说明这一规则非常重要。

---

① Trello Boards：国外一个用于团队协同工作的项目及任务管理工具。——译者注

第二章
创新法则二：一项伟大的创新始于至少三个好主意

规则 3. 追求数量

成功的头脑风暴有一种打破团队成员拘束感的能量。实现这一点的一个方法是为小组设定目标，要求他们给出大量想法，无论好坏。头脑风暴会议一般持续 60 分钟。在这段时间内，一个团队要产生少则 60 个，多则 100 个新想法。显然，动作一定要快。

规则 4. 一次只集中谈论一个话题

这条规则背后的关键概念是，倾听与交谈同等重要。这一规则在会议一开始就应当确立。这一规则由会议主持人负责执行，但小组中每个人都应该围绕讨论的主题进行谈话。当话题被扯远时，主持人可以用标志性的一句话（比如，"好了。"）提醒大家回到正题。

规则 5. 专注主题

即使是最遵守纪律的参会者也可能会偏离主题。虽然这些题外话有时会产生有价值的想法和信息，但还是会对会议的流程和效率产生负面影响。为了让团队成员集中注意力，要避免分心、避免讨论不太相关的话题、不要着急分析和过滤想法。这里有一个使这些干扰最小化的实用方法：手边专门放一个挂图，总结值得记录但与讨论不是特别相关的想法。

37

这个方法叫作"创建一个停车场"。如果头脑风暴停滞不前，主持人应该跳转到话题的一个新领域，或者从一个新的角度或从不同的利益相关者角度出发重新开始讨论。请注意，专注于主题和鼓励大胆的想法之间不冲突，二者是有区别的，这个要在实践中学习。

评估解决方案

头脑风暴之后，你的白板或记事本上密密麻麻记录了好几十个想法，你要怎么把金子筛出来呢？

在这个阶段评估解决方案是一个极大的挑战，但如果抓住了问题的本质，评估出最合适的三种解决方案就没那么难了，这更像是一种权衡。在前文我与医疗设备制造工程师的研讨会案例中，我采访了病人，讲述了病人经历，这种方式有助于为团队确定解决方案建立信心。缩小到三个解决方案确保你有足够多的选择来测试不同的方法，并在必要时创建备选方案，但三个就够，不需要过多解决方案，以至于筛选时十分费力。

这之后，我们就可以将筛选出的解决方案制成最简化可实行产品了。

第二章
创新法则二：一项伟大的创新始于至少三个好主意

💡 创新者聚焦

阿里斯·珀西迪斯（Aris Persidis）
博士，Biovista 总裁、创始人之一

创新者资历

珀西迪斯，在剑桥大学获得生物化学博士学位。他是三家生物技术公司的创始人之一。他为《自然·生物技术》(Nature Biotechnology) 撰写了行业趋势专栏，担任了《改变药物用途、拯救老药及老药重定位》(Drug Repurposing, Rescue and Repositioning) 杂志的第一任主编，并撰写了 90 篇论文和相关著作。珀西迪斯是一家动物保健公司和格里德新闻局（GridNews Bureau）的董事会成员，并被评为 2020 年世界前 50 位未来学家之一。

创新的主要成就

珀西迪斯和他的兄弟安德烈亚斯在剑桥读研究生时，萌生了一个想法：只要搞清楚每种药物能治疗什么疾病，就能找到上市药物的新用途。他们的想法是对的。20 多年后，Biovista[①] 将几种新药推向市场，通过人工智能治疗他们预期

---

① Biovista：人工智能和系统药物重新定位的先驱。——译者注

之外的疾病，包括帕金森病。他们的方法是检查已获批药物，找到其治疗的疾病与其他疾病的共同之处，这使得一种药物可以治疗好几种疾病。

经验学习

珀西迪斯兄弟俩的想法促使了 Biovista 公司的诞生。这家公司用人工智能发现老药物的新用途，他们使用创意生成方法和头脑风暴来探索和评估他们的选择。"例如，我们了解到一种被批准用于止痛的药物对帕金森病、甲状腺功能减退症和抑郁症有潜在的益处。然后，我们就会根据客户的需求来确定重点。我们的客户包括制药商和最终用户（患者）"。

创新者启示

我能在接下来的五分钟内想出五个想法，做出一个很酷的东西。发现问题和产生解决方案的过程，决定了创新的成功或失败。我很小的时候就学会了要让自己摆脱先入为主的偏见。人很容易被自我的一些思维定式所影响，然后偏向并未经研究证实的解决方案。请记住，市场和客户会告诉你一切，前提是你必须倾听这些声音，并愿意利用所学知识进行创新。

第三章

创新法则三:为你的MVP(最简化可实行产品)喝彩

第三章
创新法则三：为你的 MVP（最简化可实行产品）喝彩

💡 什么是最简化可实行产品，它能做什么？

体育迷们都知道，MVP 是最有价值球员（Most Valuable Player）的首字母缩写。而在创新创业的世界里，MVP 的含义与前者不同，它表达的意思是最简化可实行产品（Minimum Viable Product），在商业活动中，一个出色的最简化可实行产品对于商业成功的重要性就和最有价值球员对于赢得比赛胜利一样关键。

商业界的 MVP 这个词由产品开发咨询公司 SyncDev 的联合创始人兼总裁弗兰克·罗宾逊（Frank Robinson）在 2001 年率先提出。在硅谷连续创业者、《精益创业》（*The Lean Startup*）作者埃里克·莱斯（Eric Ries）与《创业者手册》（*The Startup Owner's Manual*）作者史蒂夫·布兰克（Steve Blank）的共同推动下，"最简化可实行产品"作为一种高效的、以客户为中心的产品开发方式而流行起来。

在不到 20 年的时间里，最简化可实行产品已经成为最佳的创新实践方法之一。莱斯在他的书中写道，"在开始迭代和重新测试之前，最简化可实行产品把想法变成了真实的东西。"最简化可实行产品为客户和创新者提供了一条沟通渠道。莱斯在《精益创业》中写道:"当你确定下来最简化可实行产品时,客户会告诉你在这个最简化的模型中哪些功能是可行的。"

美捷步(Zappos)是美国一家非常受欢迎的零售电商,主营鞋和手袋。尼克·斯威姆(Nick Swinmurn)于1999年创立了这家公司,当时他想要买一双Airwalk牌子的沙漠楚卡靴,但在旧金山当地的商场怎么也找不到。于是他萌生了通过网站在线销售各种鞋的想法。斯威姆的第一个最简化可实行产品是一个名为"鞋网"(Shoesite.com)的简单网站,人们在这里可以订购的鞋类不多,如跑步鞋和登山靴。然而购买者不知道的是,在幕后,美捷步的另一位创始人谢家华(Tony Hsieh)亲自跑去当地的鞋店,根据订单来买鞋送货。斯威姆证明了他的最简化可实行产品和商业模式是可行的,人们愿意在销售流行品牌鞋子的网站上购买鞋子,于是他筹集了资金,投资于供应链的自动化,为客户提供更多的产品,并着手开发卓越的客户体验。2009年,亚马逊公司以12亿美元的价格收购了美捷步。

最简化可实行产品的作用在于测试你的想法是否具有可行性,并帮助你快速完善创意。因为对一个产品的全面生产是昂贵且耗时的,所以需要最简化可实行产品依靠一部分的功能来与客户进行测试,这样就可以在进入全面生产之前获

第三章
创新法则三：为你的 MVP（最简化可实行产品）喝彩

得反馈并完善产品。通过最简化可实行产品，你能够知道是否有客户愿意为你的产品或服务买单。它的目标是将一个有发展前景的想法从草稿转化为一个基本设计，从而使创新者了解产品的功能和特性，并从目标用户那里收集反馈，促进产品的不断改进。

最简化可实行产品是一个由尽可能少的功能组成的独立的产品，用以解决核心问题并展示产品的价值。虽然它是从软件开发的实践中发展而来的，但最简化可实行产品可以用于所有类型的产品，甚至是一些经过修改的服务。它最大程度地提高了客户的洞察力，同时最大程度地减少了成本、时间和精力的投入。

在当今这个充满不确定性的市场上，谁做得最快，谁就赢！这就是创新周期——从产生一个想法到验证这个想法是否可行之间的时间。只有客户可以帮助你缩短验证周期。而缩短了验证周期时间的团队更有可能优化产品，使其适应市场，并增加其成功的可能性，最简化可实行产品可以让你做到这一点。

💡 最简化可实行产品可以带来什么好处？

第一，最简化可实行产品作为产品雏形可以尽快到达客户手中，而这些早期客户可能会成为产品的推广者。

第二，最简化可实行产品在最短的时间内可以使你最大限度地了解客户的需求，使你能够加速开发。

第三，最简化可实行产品专注于一小部分功能，减少了不必要的工程时间和成本。

让我们来看一个实例。普林斯顿大学三名机械工程博士后加入了我当时在那里开办的创新实验室。因为他们作息不规律，对于他们而言外出就餐很贵，在外面想要吃得健康就更贵了。如果不在外面吃，自己买菜做饭又耗时又费钱，尤其是只有自己一个人吃的时候。在与其他研究生进行访谈并观察过他们的烹饪和饮食行为后，我了解到他们在家里做饭的一个很大困难是切菜和切肉花了不少时间。

这几位博士后是怎么想的呢？他们希望可以有一个机器人当烹饪助手，给生的蔬菜和肉类切片、切丁，这样可以减少他们自己的备餐时间。他们需要一个最简化可实行产品来对潜在客户进行测试，于是他们把最简化可实行产品的范围缩小到几个关键功能，确定机器人至少要能切洋葱和芹菜这两种蔬菜，因为他们喜欢的大多数炒菜都包含了这两种蔬菜，而它们切起来让人很难受。他们接着又设计了一个金属机械臂，原料就是机械工程学院实验室里的金属、电线、塑料和几种不同类型的刀刃。他们找了学生、当地餐馆的厨师，甚至是蓝围裙（Blue Apron，一家当地的生鲜食品公司，也负责配送）的备餐团队进行沟通。根据从这些渠道了解到的情况，

第三章
创新法则三：为你的 MVP（最简化可实行产品）喝彩

他们开发了一个原型机械臂，并在蓝围裙公司的厨房里进行测试。他们经过对机器人与真人切菜的速度进行计时，并观察对比了机器人与真人切菜的准确度，确定经调整过后机器人手臂一定能节省备餐时间。这对于蓝围裙公司来说非常有吸引力，因为这家公司很难招聘到能长期从事食物准备工作的兼职学生。于是，蓝围裙公司成了帮厨机器人第一个最简化可实行产品的客户，蓝围裙与学生们一起改进迭代了机器人，也成了该产品的早期推广者。

从那以后，这几位博士后开始与客户合作，共同研究如何设置机器人，包括：它在厨房的位置应该怎么摆放？机器人切菜前要为蔬菜做哪些处理？以及如何清洁、保存机器人手臂？当将更多的机器人手臂产品原型带到几家蓝围裙公司进行测试后，他们慢慢想出了定价策略，并开始与投资者沟通。经过大量的测试后，他们又给机械臂增加了新功能，如可以切生鸡肉和牛肉，机械手臂上的新增部件可以抬起碗和砧板，将蔬菜倒入炒锅。

最终，他们将厨房机器人完全产品化的能力超出了学生的能力范畴，这个产品让他们在学术界获得了令人尊敬的研究职位，此外他们在课堂上凭借这个产品拿到了好成绩，更重要的是，他们也因为这个项目培养了终身学习的习惯。

这个实例给我们的启示是，真正的最简化可实行产品应当是完整的、有效果的。对于客户来说，最简化可实行产品除了提供一些功能外，同时也应该是可靠的、便于使用的，如果能让客户满意那就更好了。

此外，还有一些最简化可实行产品的例子也十分有名：

美国团购巨头高朋（Groupon）公司的创始人安德鲁·梅森（Andrew Mason）曾经历过一段失败的创业，此前在没有测试最简化可实行产品的情况下他推出的创业项目"点公司"（The Point）没有成功。而后他决定改变策略，不再犯同样的错误。他在创建高朋公司时采用了手动最简化可实行产品策略。他使用 WordPress[①] 的自助网站设计软件创建了一个基础网站，每天在网站上发布公开交易和优惠券。在有人下了订单之后，他就开始生成优惠券和折扣券的 PDF 文件，然后将它们嵌入他的个人邮箱并发送到客户的邮箱中。一切都是在第三方资源的帮助下手动完成的，只有在产品理念得到验证，并且有了真正的需求产生以及有客户愿意为高朋平台付费之后，他才创建了自动的、数字版本的高朋。

英斯塔卡特（Instacart）是当前美国十分流行的食品杂货快递应用，一开始它只是一个基于苹果手机的最简化可实行产品。那时，该应用程序的代码只支持客户在线下单的食品杂货，但在幕后却没有实现自动化。随着订单的到来，创始人进行了杂货采购，并将货物送到客户手中，所有这些都是

---

① WordPress：一种使用 PHP 语言开发的博客平台。——译者注

第三章
创新法则三：为你的 MVP（最简化可实行产品）喝彩

在当地进行的。在有客户验证了这一概念并证明该应用是可行的之后，该公司将下单、购物和送货过程自动化，并继续纳入突破性的创新。最简化可实行产品的手动方法给予了该公司管理资源和成本所需的速度和灵活性，同时证明了这个应用是可扩展的。

易集（Etsy），这个现在很有名的在线社区可供任何人出售他们自己制作的东西，但初创时它也只是一个简陋的最简化可实行产品网站。尽管网站的设计很简陋，但网站的名声却不胫而走，几乎一夜之间成千上万的手工艺人成了它的用户。那时，易贝（eBay）正在主导市场，许多其他的电商平台在获得大量用户和广告收入之前就因经费耗尽而宣告失败。而易集通过开发一个有基本功能的网站来测试他们的创意，节省了大量资金，最终得以生存和发展。

对于上述这些基于服务的数字化解决方案，手动最简化可实行产品是确认产品与市场匹配度最快也是最经济的方法。它让你专注于解决客户的问题，并将技术和实施细节放到未来去解决。"手动优先"意味着你的最简化可实行产品看起来具有全功能产品的所有功能，而实际上你的团队在幕后牵线搭桥，提供产品和客户体验。这让团队成员梳理了一遍为满足客户需求而需要进行的实际工作，相当于是模拟了工作流程，也弄清楚了哪些功能需要保持手动，哪些需要改成自动。

渐进式创新：
企业成功转型的八大法则

手动最简化可实行产品意味着在开始时你要做更多的工作：你要完成客户的订单，生成优惠券，或者像高朋和英斯塔卡特的创始人那样采购。尽管初始阶段不易，但就像这些案例一样，最终做成功的产品也许将改变一个行业，改变人们的生活。

最简化可实行产品有哪些类型？

最简化可实行产品的类型可大可小，风格多样，它更像是一门关于产品测试的学科，而不是一种固定的过程或方法。以下是最常见的最简化可实行产品类型：

第一类　快速循环草图测试（Fast-cycle sketch tests）

用纸、纸板或其他你可以在上面画草图的材料来模拟真实的产品。举个例子：你想创建一个网站，但在开始写软件代码之前，你先在纸上或白板上画出产品设计和产品功能草图，然后和客户一起讨论。

第二类　前门测试（Front-door tests）

在客户表示有兴趣了解更多信息之前，尽量不要过多介绍这个想法。比如我在普林斯顿大学的一个学生为了评估用户对他正在开发的治疗宿醉的饮料的兴趣创建了一个简单的

第三章
创新法则三：为你的 MVP（最简化可实行产品）喝彩

网页，描述了这种饮料及其好处，并要求访问该网页的人表明他们是否有意愿了解更多。用户输入他们的联系方式以后，开发者就能够对用户进行跟踪。

第三类　后端测试（Back-end tests）

手动模拟该产品或服务。当美捷步最初创建鞋类订购网站时，创始人接到订单后从当地商店买鞋并运送交付给顾客，他们用的方法就是后端测试。

第四类　端到端测试（End-to-end tests）

最初的最简化可实行产品结合了前门测试与后端测试。如前文中普林斯顿大学的学生开发机器人切菜臂，测试客户对厨房帮手的兴趣时，他们实际上就是在进行端到端测试。

第五类　模拟付费（Dry wallet）

对用户支付和产品收入模式进行测试。在这种测试中，顾客经历了支付产品的过程（在线），但并没有真正付费完成交易。这使测试者能够看到支付一个项目涉及多少步骤，需要多长时间。

第六类　竞品测试（Judo）

测试竞争对手的产品或服务，提出改进意见。惠普前首席技术官菲尔·麦金尼就经常在电器城里闲逛，观察客户与平板电脑和游戏的互动，然后用他发现的其他竞品的问题来改进惠普的产品。

第七类　模拟（Analog/retro）

将你的创意具体化，例如做成传单、小册子或指南，这样就可以获得关于你的想法的用户反馈。我有一个学生想像在出租车上放广告那样在来福车（Lyft）等这些网约车上做广告展示。他制作了一张传单，向广告商展示广告将被放在车上的哪个位置。

第八类　快闪店（Pop-up shop）

创建一家商店、一个展台或一片区域来展示和测试你的产品或服务。例如一个新型的宠物收养项目在纽约世界贸易中心一号楼的一个地铁站外设立了一个摊位，以便在游客中测试这个创意是否为人们所接受。

常见的最简化可实行产品测试方法

正如有许多类型的最简化可实行产品一样，最简化可实行产品的测试技术也多种多样。

第三章
创新法则三：为你的 MVP（最简化可实行产品）喝彩

方法一　网站和应用程序

测试产品需求最简单的方法之一是为其创建一个网站，然后将流量引入该网站。就像高朋和英斯塔卡特的最简化可实行产品一样，起初网站并不是全功能的，而是一个模型，开发者解释清楚网站将提供什么功能，并邀请客户点击以获取更多信息。开发者对点击次数与访问者人数进行比较，来确定用户对产品的感兴趣程度。

方法二　服务

如果你要出售一项服务，最简单的测试方法就是先让一些客户进行体验，并询问客户愿意为这个产品支付多少钱。当我的儿子和他的朋友还在上高中时，他们在暑假干起了沟渠清洁业务。在最初的几次工作中，他们要求客户在他们完成工作后，按照客户认可的价值来付费。几次之后，他们对这项工作的可能收益有了概念。

方法三　新功能

在为现有产品开发新功能之前，最好在现有网站上对该功能进行宣传，并提供一个链接让用户获取更多信息。你可以通过计算用户点击次数来分析用户对新功能的兴趣水平。回到那个开发减轻宿醉饮料的学生的例子，在推出他的瓶装饮料后，他开始研究可以用水冲泡的速溶版本。于是他在自己的网站上发布了这样一句话"新的速溶版本"即将上市，用户可以点击这个链接来了解更多信息，他以此来评估人们对新产品的兴趣。

从众多备选方案中选出最简化可实行产品

体育界的 MVP 通常由球员或媒体投票选出，候选人就是那些在赛季中表现出色的运动员，候选人往往很多，但只有一个人可以获得最有价值球员的称号。

我们谈论的最简化可实行产品也是如此。如果你已经正确地走完了一开始的步骤，你可能已经有几个选择在手上了。如何确定用哪个最简化可实行产品来测试你的创新产品或服务？财捷（Intuit）公司的斯科特·库克（Scott Cook）使用了这样一种方法，他要求团队中的每个人对正在进行的项目进行思考，并花 5 分钟写下他们关于解决方案的想法和假设。然后，他要求每个人挑选一组假设和想法，并花 5 分钟头脑风暴来衡量该假设是否成立的指标。最后，他要求每个人选择一个单一的指标来头脑风暴不同的最简化可实行产品，从而产生可以用于衡量该产品的必要的数据。

让我们来看看《精益创业》（*The Startup Way*）中的一个例子。作者埃里克·莱斯最初举的例子是一种在加利福尼亚州设计的手工制作的新型柠檬水。在这里，我们选择在纽约推出一种手工制作的胡萝卜汁（一种越来越受欢迎的健康饮料）作为我们的最简化可实行产品。

路易丝（Louise）正在制作一种新型饮料——手工胡萝卜汁。她的想法基于以下假设：

假设 1：喜欢胡萝卜汁的人对市场上现有饮料的种类单一以及饮料的质量感到不满。

假设 2：如果高质量的手工胡萝卜汁可以按需提供，顾客就会增加对胡萝卜汁的消费。

路易丝现在必须问自己以下问题：

问题 1：该产品是为谁设计的？

问题 2：是否有一部分喝胡萝卜汁的人每周至少喝一次胡萝卜汁？

问题 3：他们又是否像去咖啡厅和果汁吧的客户那样愿意为优质饮料支付更多的钱？

问题 4：如果我的假设是真的，我可以提供怎样最简单的产品来开始探索？

路易丝有四个最简化可实行产品选择：

最简化可实行产品 1：街角的胡萝卜汁摊位，配备有桌子、椅子、标牌和购买前的样品。

最简化可实行产品 2：网站登录页面，实现按需订购和人工配送。

最简化可实行产品 3：能由无人机实现按需订购和配送的网站和应用程序。

最简化可实行产品 4：网站和应用程序实现按需订购，并由无人机集群把货送到纽约州的任何地方。然后，路易丝评估了她将从这些最简化可实行产品测试中分别得到什么信息，并关注了这些测试的试验成本。

她应该先测试哪个最简化可实行产品？尽管每个最简化可实行产品都有优点和缺点，她最终选择了 2 号最简化可实行产品进行测试，因为通过这种方式她可以最快、最高效地就她的在线胡萝卜汁产品获得反馈。

像路易丝一样，你需要通过确定需要了解的内容和从谁那里了解，以开始最简化可实行产品过程。你可以让一小群早期有远见和热情的客户来指导功能开发，直到你搞清楚你的创意是否可能变为一个可赢利的商业模式。最简化可实行产品越早接受检验，你就能越早得到反馈。

与其询问客户他们想要产品具有什么具体功能，还不如问客户愿意付钱解决的最小的问题是什么，最简单的问题是什么。这才是定义最简化可实行产品的最佳方法。在胡萝卜汁创业的事例中，用户的最小需求可能是"如果我在网上下单少量的胡萝卜汁也能享受免费送货，那我可能会考虑买一些试试"。典型的传统方法专注于如何用更多、更好、更独特的功能来击败竞争对手的产品，而我们的方法则寻求精简但

第三章
创新法则三：为你的 MVP（最简化可实行产品）喝彩

有效的功能。因而路易丝没有问人们是否想要加了姜汁的胡萝卜汁，也没有问他们是喜欢饮料盒包装还是塑料瓶包装。

记住，搞清楚哪些事情不做也很重要。最简化可实行产品提供了基于"少即是多"（less is more）的极简主义原则，以确保你的产品或服务有一组切实解决客户问题的核心功能，并可以帮助你确认你的商业模式。在你确认你的商业模式之前，不要添加任何新功能！

迈克是哥伦比亚大学商学院的一名学生，他正在创业做临床试验软件，这个软件提供的在线平台帮助医生为病人寻找临床试验，当他意识到这个产品的商业化还有很多工作要做时，该平台距离本来的完工工期只剩六个月。因为发现该产品的商业化还有很多不足，他的最简化可实行产品可能还需要一年的时间才能够进入测试阶段。他感到很沮丧，因为他想进一步接触目标市场，通过用户反馈来衡量人们对他的解决方案的兴趣。现在他面临着诸多问题：他是应该等待他的最简化可实行产品开发完成还是应该与客户尽早开始沟通？如果他要验证他的创意，他要向他的潜在客户展示什么？当他的最简化可实行产品还没有准备好的时候，他怎样才能测试他的想法，怎样才能保证其他人不会窃取他的想法？

在与迈克交谈后，我意识到，重新审视他的商业概念意味着他必须重新评估自己的产品。他现在应该停止开发最简化可实行产品，在花费更多的时间和金钱之前把概念完善好。

此后，他转变方向，制作了一个幻灯片来描述他的产品并展示它是如何工作的。他概述了产品的关键功能、特点以及给用户带来的好处。客户们很乐意与他交谈，并坦诚地提出他们的反馈意见。"我认为，我向他们展示幻灯片，实际上得到的反馈比用户看过我的最简化可实行产品实物后给出的反馈更好。我了解了他们需要解决的问题之后，就可以专注于他们的需求，而不是让他们仔细检查我的产品并提供反馈。"

迈克学到了宝贵的一课：一个创新者应该倾听客户的想法，但永远不要让客户对正在开发的产品指手画脚。客户并不总是知道他们想要什么。关于这一点只要问问与史蒂夫·乔布斯合作开发第一部苹果手机的团队就知道了！但客户告诉你他们需要解决什么问题的时候，你就应该像在听专家说话一样记下来。在迈克的案例中，当他搭建他的最简化可实行产品时，一直在收集客户的反馈，长期来看，这帮助他实现了更快的发展。

如果你有一个像迈克那样的初创项目，你可能会有类似的问题。"我如何开发一些东西来让我的客户进行测试？"我们在前文中关于最简化可实行产品类型的章节中讨论了这个问题，现在让我们把它应用于迈克的案例。

你可以先制作产品的样品。这是图书出版中常用的方法。作者完成一个图书提案的模板，其中包括拟出版图书的概述和几个章节的样本。在此基础上，编辑要判断它是否会成为一个好产品。在图书提案中，你需要对你的想法进行可视化，

第三章
创新法则三：为你的 MVP（最简化可实行产品）喝彩

也要详尽描述。迈克在做他产品的幻灯片时也做了同样的事情。

你还可以创建一个交互式的演示样品，这有助于你向他人展示并验证你的创意。互动性让客户在你做演示的时候可以参与使用你的产品，并对产品的核心概念做出反馈。像 Adobe XD（一站式用户体验 / 界面设计平台）、Sketch（一款矢量绘图应用软件）和 InVision（一款原型 & 协作工具）这样的工具可以辅助你创建一些视觉产品，并把它们变成模拟的屏幕，然后用户可以像使用移动应用或网络应用一样浏览这些屏幕。迈克最终在哥伦比亚大学一名软件工程师的帮助下完成了这项工作。他们创建了一个演示模型，模拟一个医生为阿尔茨海默病患者搜索临床试验的经历。

创建一个模拟的屏幕截图也是个不错的选择。你可以使用 Photoshop（一款图像处理软件）、Gimp（一个图像处理程序），甚至 PowerPoint（一款演示文稿软件）或谷歌幻灯片来模拟屏幕截图。这样做是为了可视化用户应用界面。迈克模拟了他们要做的手机应用的界面外观截图，医生们就通过这个截图所代表的应用来搜索临床试验。记住，这些模拟图首先要阐明功能，吸引力是次要的。

接下来，你需要向其他人展示你的幻灯片、演示或模拟图。如果可以，先展示给客户中的决策者看，也就是为你的解决方案付钱的人；也可以先展示给这些人看，他们会在你

59

的产品中发现最大的用途或价值，可以把你带到决策者那里。在迈克的案例中，他需要接触的是将病人转到阿尔茨海默病临床试验的医生和赞助药物试验的制药公司。

一旦你找到了合适的客户，你可以用领英（LinkedIn）等社交媒体联系他们，内容要简短。迈克在领英上给潜在的医药客户发了一条信息："我正在开发一个临床试验患者推荐平台，需要你的专业意见。我可以问你几个问题吗？"当然，你也可以让受访者做一个在线调查。这个过程可以帮助你与潜在客户建立联系，从而建立一个你以后需要的潜在客户网络，同时这也是一种简单有趣的收集意见的方式。

在产品开发过程的早期与客户交谈的这一步骤，即使在企业中也很重要。不幸的是，很多企业专注于将产品推向市场，而忽略了与潜在客户谈论产品并听取他们的反馈意见。

最简化可实行产品的要义

最简化可实行产品策略对初创企业而言是理想的产品设计方法。当然，它也被成熟的公司所使用，特别是使用在那些从投资角度来看可能被认为是高风险的产品设计上。它的目标是在短时间内将一个基本产品推向市场，然后检查该产品的可行性，并决定在下一次迭代中应该增加哪些功能。作为一种以用户为中心的设计方法，最简化可实行产品不断收

第三章
创新法则三：为你的 MVP（最简化可实行产品）喝彩

集有价值的反馈，以便在每次迭代中改进产品。最后，请记住，成功需要学会解决问题。

💡 创新者聚焦

莱斯利·艾斯纳·诺瓦克（Leslie Aisner Novak）
豪达设计创始人

莱斯利·诺瓦克在艾奥瓦州的得梅因长大，她的父亲是一位拥有多项专利的发明家，其中包括发明了第一把塑料剪刀的专利。搬到波士顿从事纺织品工作后，诺瓦克把自己沉浸在保罗·霍肯（Paul Hawken）和安妮塔·罗迪克（Anita Roddick）等企业家的讲座和录音带中，了解他们关于可持续发展、本地生产和服务型产品的理念。她偶然发现了原始的座椅式装置，她意识到这是她一直在寻找的新想法。

1990年，诺瓦克从她93岁的房东清理旧车库时发现的一个类似椅子的装置中得到启发，成立了豪达设计。在观看波士顿流行音乐团的一次户外演出时，她坐在这把仿制的木质帆布椅上，对它的舒适性和背部支撑感到惊奇。经过一些改进，她自己开发了产品并申请了专利，并生产了她称之为豪达座椅的产品。该产品很快成为高级时装品牌皮特曼（J.Peterman）目录中的畅销产品。

诺瓦克做了大量的原型设计，并始终与那些能够随着她预期的成功而扩大规模的供应商保持合作。2006年，诺瓦克推出了拥有多项专利的豪达怀抱，这是一个儿童版本的座椅，可以将孩子们像搂在怀里一样摇晃，让孩子平静下来的同时也可以提高他们的专注力。豪达怀抱最初是为在教室上课有所不便的学生准备的，但该产品很快就成为世界各地学校儿童的标配。当豪达怀抱在2017年全美最大的教育用品贸易展上获得产品设计一等奖时，该产品几乎在一夜之间产量翻了两番，这是一个改变行业规则的时刻。

经验教训

"我此前的失败都可以追溯到没有听从我的直觉，"诺瓦克说，"我在没有资本、抵押品或相关经验的情况下开始了这项业务，但我的每一根神经都知道会取得成功。现在我相信我的直觉，相信我的想法，相信我的合作伙伴和工人，以及我对下一步行动的决定。"

创新者启示

诺瓦克深知最简化可实行产品的重要性。她说："直到我证明它们是可行的之前我不会和别人说我的宏大计划，有时这需要几年时间来与怀疑者保持安全距离，并在每个阶段与思维开阔的人一起解决他们的专业问题。"

第四章

创新法则四：客户永远是对的

第四章
创新法则四：客户永远是对的

珍娜·雷（Jenna Ray）是我在普林斯顿大学的一个研讨会上带过的学生。

这个研讨会是一个为期十周创新加速器项目的夏季研讨会，旨在为学生提供沉浸式的创业体验，在此过程中，学生们将学习如何将原创的想法转变为一家初创企业。

珍娜和她的联合创始人当时踌躇满志，她们决心效仿汤丽柏琦（Tory Burch）、马克·雅可布（Marc Jacobs）、凯特·丝蓓（Kate Spade）和拉夫·劳伦（Ralph Lauren）等著名品牌，打造出一家为20多岁的社会精英们量身定制的奢侈品电商。

根据教学安排，当这个项目进展到第四周时，珍娜应该展示她的客户研究。即在过去一周内用最简化可实行产品采访至少25名潜在客户，并写在案例中。可以是一个模拟网站的几页，可供客户在上面浏览一些时装，看看他们是否有购买的想法。

但她迄今为止还没有采访过任何客户，反而一直埋头于网站和营销方面的工作，并花了大量时间和汤丽柏琦的设计师交谈，想要了解对方的网站体验以及他们如何营销一个品牌。

"蓝色双体船团队",我对珍娜的团队说,"我想看看你们在下一堂课前寻找50名女性进行访谈的计划,以及你们的访谈指南草案。"此外,珍娜的团队还有一名运营负责人,而这位运营负责人在还没有了解客户的情况下已经着手安排团队与拉美的面料供应商和服装制造商的会议了。

我担心这个年轻的团队已经落入了创业的陷阱:迷上了自己的想法,而忽略了与大量客户交谈的重要性。事实上,在开始行动之前,团队需要通过和大约100个客户沟通来确认几件事:公司正在做的事情是否真的在解决用户的需求?公司提供的产品或体验是否有客户愿意为其付费?

在实践中,要真正走出去与50个潜在客户交谈已经非常困难了,更不用说100个了,但这非常关键。不仅仅是研究生们爱犯"走捷径"的毛病,很多人都会犯这样的错误。当我们确定了产品、需求、最简化可实行产品后,就开始自言自语,告诉自己这是一个伟大的想法。此时我们其实是自己给自己搭建了一座小"回声室"。每个人都口口声声说要倾听客户的想法,但大多数人并没有真正去倾听,或者至少没有有计划地去听,而且就算去听了可能也没有听够100个客户的意见。

但倾听客户的意见是成功的创新者必须要做的!

第四章
创新法则四：客户永远是对的

做客户研究的目的是什么？

当我们谈论客户研究时，人们往往会联想到焦点小组[1]访谈、电话访谈以及访谈过程中产生的表格、报告和数据。

但我对客户研究的观念却有点不一样。我的客户研究理念，是从客户的角度出发，来了解他们的痛点、未被满足的需求，了解他们的愿望和梦想，做到像客户那样思考。我不是说让你当一个演技派演员去模仿你的客户，而是说你需要充分了解你的客户，以至于你可以在人群中准确地把他们识别出来。

我们的用户画像需要基于充分的研究得出，没有描绘出代表真实客户状况的横截面的用户画像是不准确的。

我们的第一步，也是最重要的一步，应该是勾勒出研究目标。需要从客户那了解到哪些信息才能让我们开发出他们愿意花钱购买的解决方案？

在珍娜的案例中，这个概念可以表示为：热爱时尚的年轻职业女性是否愿意花费超过250美元购买一件设计上天马行空且富有表现力的服装？（如果这件时装能表现出她的性格特征的话。）简单来说，就是客户是否愿意花几百美元来获得一次时

---

[1] 社会科学研究中常用的质性研究方法。一般由一个经过研究训练的调查者主持，采用半结构方式（即预先设定部分访谈问题的方式），与一组被调查者交谈。——编者注

尚"体验"？客户是否相信网上的体验能满足她对时尚的憧憬？当用户浏览珍娜精心制作的网页之后，可能会发出这样的赞叹："哇，这个网站太棒了，有异国情调的旅行照片和不拘一格的布局，让我觉得自己像身在曼谷一样，我可以和模特产生共鸣！"但是，"产生共鸣"和"点击结账"是两回事。珍娜的团队将如何让用户在"产生共鸣"的同时又产生付费意愿呢？

在珍娜和她的团队采访过 25 位顾客，并向客户展示过她们的网站和不同价位的服装之后，团队了解到，即使目标受众喜欢她们网站的购物体验，但要花 250 美元（如果加上服装的配饰，则为 500 美元）买一件衣服的话，这个价格会让客户感到犹豫。并且当她把最简化可实行产品发布在网站上之后，就会发现把客户带到网站并让她们在网站上花钱买衣服是多么困难！她的目标客户中只有一小部分愿意付费，即使付费的人之中，有的也只是为了应付一下必要的场合需要穿才来买这件衣服。毕竟，正如他们采访的一位女士所说的那样，"我有曼哈顿的房租要付，还有工作服要买。"

将珍娜的做法与美国著名时尚电商斯蒂奇费克斯公司（Stitch Fix）的做法相比较，你会发现后者为各行各业的女性提供各种可以混搭的裤子和上衣，以适应她们的生活方式，同时价格也很亲民。正是因为斯蒂奇费克斯公司的经营方式很灵活，它不断征集客户的反馈，十分重视客户的需求，才取得了巨大的成功。

第四章
创新法则四：客户永远是对的

💡 为什么客户研究对创新过程很重要？

客户研究是市场研究的一种，它被称为一级市场研究，因为这一过程需要从客户和重要的利益相关者那里收集第一手资料进行研究。另一种称为二级市场研究，包括对市场前景和市场竞争的评估，这样的研究通常依据从报告、网站等公开来源收集的数据和信息进行分析。当被问及客户研究是否对创新至关重要时，马克·扎克伯格（Mark Zuckerberg）回答说："我们业务的最终目的是解决客户的问题。我们赚钱是因为我们用服务解决了客户的问题。"

如果我们不了解客户是谁，不了解他们需要什么，我们又怎么解决客户面临的问题呢？要做到真正的理解很困难。

让我们来看看，一些行业和企业因为没有理解和回应客户需求而走向消亡的例子。曾经繁荣的美国铁路事业的衰落，不是因为乘客和货物运输的需求改变，而是因为美国铁路没有认识到自己是消费和商业运输的一部分，所以也没能解决客户真正的需求。美国铁路没有认识到他们的竞争对手其实不是其他铁路公司，而是其他新兴技术：汽车、飞机和高铁。

传统出租车之所以被优步和来福车这些网约车平台取代，并不是因为传统出租车不能把人从 A 点送到 B 点，而是因为网约车司机驾驶的是他们自己的车，所以能够以更合理的费用把乘客送到目的地。此外，在行驶过程中网约车司机还会放上乘客想听的音乐，乘客要是口渴了还能给乘客递上一些水。网约车公司把乘车体验带到了下游，只要有手机和银行卡就能在平台上下单。这种出行消费方式被大众接受，是因为网约车公司是围绕客户的生活、工作、通勤习惯甚至个人喜好来设计服务的。

　　有线电视的情况又是怎样的？有线电视的会员人数下降并不是因为看视频节目的人变少了；事实上，看视频节目的人数反而变得越来越多。但现在的用户不再通过有线电视收看视频节目，至少没有以前那么多了。现在的客户可以在任意时间选择视频节目和电影观看，并且可以定制他们想观看的内容。谷歌电视盒子（Chromecast）与网飞、亚马逊和家庭影院电视网（HBO）共同合作，所提供的适合用户个人情况的娱乐内容，是有线电视无法提供的。有些用户认为，有线电视公司本可以将其操作界面设计得更简单一些，本应该为用户提供定制的套餐，并为用户提供更多的选择，而不应该一刀切，强行让每个付费用户都接收数百个频道。

　　从这些例子中不难看出，当你对现状感到自满，还不去调查客户不断变化的需求和兴趣，那么这个公司或行业就可能会被逐渐取代。美国思想家艾默生曾说过"放置一个更具吸引力的诱饵，世界的机遇将纷至沓来。"总有人正在制作一个"更具吸引力的诱饵"。这其中一家公司就是苹果公司，他们已经掌握了一种创造性的客户研究方法——"客户之声"（VOC：Voice of Customer）。

第四章
创新法则四：客户永远是对的

💡 "客户之声"研究方法如何运作？

"客户之声"是企业用来描述客户的需求和客户对产品或服务的要求的一种研究方法。它也可以用来直观地了解客户的需求和期望与他们的实际体验之间的差距。报告显示，使用"客户之声"做研究的公司，其年收入是其他公司的 10 倍。因为使用"客户之声"的公司在"客户旅程"（customer journey）中的每一个接触点上都与客户建立了联系。这里的"客户旅程"是指从客户需求萌芽，到交易完成以及客户享受产品或服务期间，客户与企业互动的全部过程。让我们来看看苹果公司是如何运作的。

苹果手机是 21 世纪最著名的产品之一。然而，许多人都曾证实过，乔布斯从未召开过一次焦点小组会议，但这并不意味着乔布斯不了解也不去解决客户需求。福特也一样，他发明了汽车装配线，但是福特在生产他的第一辆 T 型车时，他们也没有使用焦点小组的方法做客户研究。这两位发明家的技术都领先于他们的时代，以至于把他们的想法有效传达给客户都很困难，所以他们必须向客户推销新理念然后说服他们。

乔布斯说："要比以往更接近你的客户。接近到什么程度呢？在他们反应过来之前就告诉他们需要什么。"这正说明乔布斯开发苹果手机时，十分关注用户的需求。从来没有人能在焦点小组会议上一拍脑袋说："天啊，我希望我的手机也有摄像头。"而且即使乔布斯问顾客是否想用手机拍照，大多数人可能也只会回答："嗯，我的相机不就是用来拍照的吗？"但乔布斯意识到，在一个节奏越来越快的数字和视觉文化中，顾客可能随时随地会有想要拍照的想法，所以如果一个手机有拍照功能，不需要顾客有先见之明地随时带着相机，那么顾客一定会非常喜欢这个功能，尤其是最初购买苹果手机的年轻顾客群体，哪怕客户还没有意识到这一点。因此，乔布斯必须向客户进行展示。他根据自己对客户的洞察力对苹果手机进行了改进。乔布斯是怎么知道的？这只是因为他在这一领域有天分吗？

乔布斯花了很多时间研究客户，预测他们的行为和需求。他知道他的目标市场需要时尚、酷、有趣和有创意的技术。但他怎么知道客户的需求是什么？两个方法：自我民族志（self-ethnography）和调查。这听起来像人类学，它确实就是！苹果公司在客户使用苹果手机时对其进行调查，以补充其内部数据和产品战略。该公司利用这些数据，使他们在取悦客户和确保良好的客户体验方面走得更远。

乔布斯打破了硅谷的"快速失败"魔咒，把产品原型送到客户手中。如果客户喜欢，那就继续开发；如果客户不喜欢，就继续做下一个产品——一个标准的最简化可实行产品测试。

像苹果公司一样，你需要了解你正在争取的客户以及他们喜欢做的事情。除了做好你对客户偏好的假设之外，还

第四章
创新法则四：客户永远是对的

需要验证你的假设：客户如何分配时间？如何花钱？如何工作？你的产品的客户群可能不同，他们也许是企业客户、社会媒体、非营利部门或零售业公司。无论是谁，你都要详细了解：客户是如何做事的？他们的工作是如何完成的？工作流程和沟通的细节是什么？

💡 为什么需要与一百位客户交谈？

我坚持要求我的学生、客户和我自己的团队在测试新产品时进行一百次客户访谈，无论他们是不是初创企业。为什么是一百？这个数字有什么神奇之处？为什么不是十个、七十五个或五百个？

第一，最好的客户研究一定包括了来自不同角度的声音。你需要综合客户群体的人口统计学和心理学特征进行分析。要得到能代表用户群体的横截面数据就需要充足的样本量。如果你在做全国性的或全球性的研究，你就需要采访不同地域的客户，你可能还需要采访不同年龄、不同种族、不同经济水平、不同工作角色的客户。

第二，最好的客户研究采用的研究方法肯定也不止一种：简短的调查法、访谈法，可以是以个人的形式也可以是按照小组的形式开展，还有越来越多的调查都是依托社交媒体进行的，在社交媒体上你可以听到不同的意见百家争鸣。所以

73

你需要足够多的客户来确保你搜集的截面数据的准确性，同时也要确保你搜集信息的技术手段是可靠的。

第三，一百个客户的样本才具有统计学意义，才可以证明你得到的结果是有效的。一百次客户访谈只是一个基准线，与我合作过的大多数投资者都认为一百次访谈才能比较好地建立起客户对你产品或服务的兴趣。所以许多人可能会在投资前获取更多的客户反馈，我见过投资者要求针对一个医疗设备进行三百次医生访谈，甚至对一个应用程序进行几千次客户访谈。

第四，在创新的所有步骤中，客户研究这个步骤对创新者来说是最具挑战性和最重要的。为什么呢？因为你很难确定采访对象，很难听到直面的批评，而且最终可能面对着一堆你收集到的信息茫然无措。

第五，客户研究是科学与艺术的结合，其中还有一点偶然性。最有价值的访谈也许在第一百次才出现。从我自己的从业经验来看，我通常从一百次采访中就能了解到最重要的反馈信息。这就像跑马拉松，跑到第四十公里时，你可能真的很想停下来，慢慢走完最后二点二公里。但你还是会咬着牙继续前进，因为你知道最后一段赛道也是最重要的一段赛道，跑完就标志着你完成了比赛。当我成为一家医学诊断公司的首席执行官时，我访谈了一百个潜在客户，包括医生、病人和制药合作伙伴。特别是第一百次访谈，那是与一家大型制药公司的研究主管的访谈，也正是那次访谈让我醍醐灌

第四章
创新法则四：客户永远是对的

顶，随后很快我就推进了最简化可实行产品试验。如果我没有坚持去做那个花了很长时间安排的采访，我就会错过一次关键机会，我们的产品此后也不会做到那么成功的商业化。我要是在采访到第九十九个人的时候停下来，那么我还能得到那么重要的客户意见吗？还能听到得到那样有见地的见解吗？如果不走完全程，这一定是做不到的。

让我举个例子说明客户意见与客户研究方法是如何共同发挥作用的。

曾经我作为一家新成立的生物技术公司的顾问，受公司委托去调查市场对他们的基因疗法的兴趣，这种疗法针对的是湿性老年性黄斑病变（Wet AMD），这种疾病最终可能导致患者失明。这家公司的基因疗法用功能正常的基因替换有缺失或有缺陷的基因，如果该疗法奏效，则可以大大减少病人对药物的需求，以减缓疾病的发展。最好的结果是，该疗法可能是一种治愈该疾病的疗法，但它当时仍处于实验阶段。因此，我们需要从精挑细选的客户那里获得可靠准确的信息，以便为临床试验的设计、公司的商业战略以及公司在这两方面的投资提供信息。

我们精心挑选了来自北美、欧洲、中国和日本的视网膜外科医生、普通眼科医生和验光师进行访谈，以了解他们如何诊断和治疗湿性老年性黄斑变性，并评估了他们对新的基因疗法的接受程度。我们按照"百位客户法则"采访了一百名医生。这一访谈数量确保了我们的研究结果有统计学意义，可以验证我们的发现结果，而且经费也符合客户的预算。我还记得我们的研究启动会议结束时，这家公司的首席营销官对我说："采访完一百个客户之后才能回来见我。"

我们的市场研究对象中，来自北美的潜在客户占40%，欧洲占30%，日本和中国各占15%。他们是治疗湿性老年性黄斑变性的三种不同类型医生的代表：验光师、眼科医生和视网膜外科医生。

我们的访谈问题是根据"客户之声"方法中的六个最佳问题来准备的，在下面我会展开叙述。

在这个案例中，我们需要了解眼科医生目前如何治疗不同类型的病人。在治疗效果方面，哪些疗法有效，哪些无效？他们在帮助病人避免失明时面临哪些挑战？他们尝试过哪些类型的替代疗法？他们是否愿意尝试基因疗法？需要哪些数据才能说服他们相信我们的疗法是安全有效的？以及重要的是，在他们看来哪类病人最能从我们的基因疗法中受益？

通过这些访谈，我们根据医生的专业和治疗行为对他们进行分类。我们了解到，虽然一些医生很早就开始采用基因疗法等新技术，但医生的采用情况取决于他们的年龄、所在国家的做法以及他们国家对相关治疗的定价和报销情况。比如在美国，治疗的价格和报销金额会影响医生决定开什么药，以及什么时候开药。我们还了解到，一些医生很谨慎，对实验性疗法持观望态度。这一现象在中国尤其突出。最终，我们的研究结果表明，公司应该设计两种类型的市场进入策略，这样才能进行下一步的用户测试。一类是针对早期病人，对他们来说，治愈的可能性更大；还有一类是针对晚期病人，因为他们没有其他选择。

之后，基于对晚期患者的财务分析，公司认为推出一种昂贵的新疗法风险太大，因为这些患者可能患有晚期疾病，甚至基因替换也无法逆转他们的症状，因此，从客户研究结果中想要评估用户反馈或者想要看出基因疗法是否有效都很困难。于是这家公司决定将开发重点放在早期患者身上。基于我们的研究，他们开发了一项临床试验，提供医生所需的数据，让他们放心地给早期病人使用基因疗法。然而，该试验没有按计划进行，最终该公司决定优先解决一种与湿性老年性黄斑变性不同但类似的眼疾——糖尿病视网膜病变。因为这种疾病的治疗方法较少，而医生们在访谈中告诉我们对于这种疾病而言基因疗法的价值更大。

"客户之声"方法中最有价值的六个问题

"客户之声"研究中有六个针对关键方面的问题。我称这些为"讨论舱"（discussion pods），因为每一个方面可以包含几个问题，以帮助你真正获得核心内容。

> **渐进式创新：**
> 企业成功转型的八大法则

1. 客户是谁，客户是做什么工作的？

找出关于你客户的一切信息。例如，在前面介绍的眼科医生案例研究中，我们需要了解医生的治疗方法，以及他们病人的人口统计学和心理学特征，还有影响医生选择工作方式的因素。

2. 客户的业务现状如何？

接下来，你要了解客户目前是如何开展工作的，以及他们为什么这样做。在眼科医生的例子中，我们问这些眼科医生，病人是如何被诊断为湿性老年性黄斑变性的，以及确诊的时间。确诊之后，医生首先使用的是什么疗法？为什么使用该疗法？医生用什么测试来确定病人是否对当时的治疗有反应？如果病人没有表现出反应迹象，医生接下来又会怎么做？

3. 客户的痛点（未满足的需求）是什么？

找出客户目前遇到的最大的问题。有时人们会使用诸如"是什么让你夜不能寐"这样的问题来提问。在我们的眼科医生案例研究中，我们想要了解什么因素会使医生改变疗法，以及他们在治疗病人的疾病时最纠结的是什么。例如，疗法的便利性或疗法的费用。

4. 衡量问题的重要性

在这一点上，我们需要有一种方法来衡量问题会产生的影响。我们需要对它进行量化和定性。为什么要这么做呢？为了确保这个问题是有价值的。在我们的例子中，我们询问

第四章
创新法则四：客户永远是对的

了眼科医生，以了解有多少病人患有湿性老年性黄斑变性；有多少人对当时的治疗没有反应并正在向失明的方向发展；医生在这一疾病上投入了多少时间和精力；病人和保险系统花了多少费用；病人及其家人有多沮丧。

5. 已经试过哪些解决方案，结果如何？

这个问题有助于你了解当前市场上的解决方案和你的解决方案之间的差距。它还可以帮助你了解市场上的竞争情况。毕竟，维持现状什么也不做也是一种"无为"的竞争形式，有时走阻力最小的道路比尝试新事物更容易。你还可以通过这个问题探究谁影响了客户的决策。在我们的眼科医生案例中，我们需要了解湿性老年性黄斑变性患者的现有治疗途径。如果1号疗法没有效果，医生接下来会尝试什么疗法？这有助于我们根据医生在疗法上的判断和决策，来确定我们的基因疗法可能适合的路径。

6. 客户对你的解决方案有什么看法？

现在，到了关键时刻！对创新者来说，"客户之声"方法最重要的部分在于：你想知道客户对你的潜在解决方案的反应，喜欢还是不喜欢？有没有问题和担忧？最终，你想搞清楚的是客户在各种情况下，采用你的解决方案的可能性。正如前文所讨论的，我们想知道的是医生是否倾向于给早期病人或晚期病人开出基因治疗方案，这一信息有助于我们在市场上找出产品的关键定位。

渐进式创新：
企业成功转型的八大法则

找到一百位客户的六种方法

当我们讨论"客户之声"方法时，我经常从我的学生、客户和我自己的团队成员那里听到这样一个问题："我们怎样才能找到一百位客户？这听起来真的很难。"找到一百位客户当然不容易，所以你的研究应该把调查法、一对一访谈法和小组讨论法结合起来。通常情况下，你可以先进行一些小团体访谈和一对一访谈，来验证你提出的问题和你的潜在解决方案有没有价值。然后，你可以使用这些数据来设计一个针对有代表性的客户样本的调查计划，用以探究你的产品或服务的价值主张、定价和解决方案等因素中哪些更重要。然后，你可以再进行一些一对一的访谈来完成你的客户研究，得出结论。

这确实不容易，但必须这样做，而且这并不是做不到的。你如果预算充足的话可以从"客户之声"中最好的方法开始实践，之后再去考虑成本。

方法一：找一家提供全面服务的研究机构

这些公司可以根据你的研究目标来帮你确定、招募甚至采访客户。而你需要为他们准备一份关于你的研究目标和项目范围的简报。我建议找三家研究公司询价，并且一定要看一看他们数据库中的候选人样本和他们过去工作的案例。这种类型的研究费用可以达到几十万美元，这取决于采访的难易程度，难易程度通常是由受访对象的角色和地域决定的。例如，本章前面分享的眼科医生案例研究就花费了客户大约 25 万美元，因为它涉及不同国籍的眼科医生。同样规模的消费者研究，如果仅限于一个区域，那费用应该会在 10 万美元以下。如果你在短时间内有大量的研究工作要做，预算充足，并希望让专业的市场研究分析员为你提供准确的结果和见解，那么这就是最好的选择。

方法二：找一家提供自助服务的研究机构

这类机构可以为你提供相关专家，但研究是由你自己开展的。比如格理集团（Gerson Lehrman Group，GLG）、岂珀（Guidepoint）和奥法赛（AlphaSights）等公司都拥有横跨多个行业的专业顾问智库。你可以与这些公司签订合同，以获取对这些公司专家数据库中部分专家的采访权限，但是你需要自己与专家进行采访，采访形式通常是一对一的 45 分钟电话采访。每次专家访谈的费用从 750 美元到 2000 美元不等，费用取决于你所需的专业水平。这也是一个很好的选择，你可以通过少量的一对一访谈的形式获得一些反馈。如果你的预算不多，又需要客户研究所需的资源和专业知识，那这种方法很有效。

方法三：购买客户名单

如果自助式的客户研究方法适合你，但你的预算实在有限,那么你可以从研究机构购买一些专业人士和一般消费者的名单,这些名单是根据邮编来分类的,然后你就可以向联系人发送邮件。一个邮编下的名单大约价值 5000 美元。如果你想广撒网,并且不介意吃闭门羹,那么你可以用这种方法来碰碰运气。这个方法的优点在于你获得了一个客户名单,然后你就可以在一段时间内以各种方式与他们开展合作。注意,这些名单通常每年都会更新,所以有些信息可能在你收到名单时就已经过时了。

方法四:寻找公司内部专家

如果你的公司里恰好有一个营销专家,而且他可以独立负责市场研究,那么就可以选择这种方法。在这种情况下,你可以利用社交媒体协助专家来发布问题,鼓励讨论,还可以招募客户进行一对一的采访。

与一家在线英语培训公司合作时,我们在脸书等一些社交媒体上发布了一些关于语言学习方法的问题。脸书平台上的留学生们和正在备考托福的学生们都非常愿意提供他们的意见,他们表示,如果在线英语培训平台便宜好用的话,他们会想要更深入地了解。之后,我们就邀请这些学生做一对一采访,并让他们使用学习平台的最简化可实行性版本。这种研究方法的一个额外好处是,如果产品刚好符合你客户的需要,那么你做客户研究就不用花钱了。

第四章
创新法则四：客户永远是对的

方法五：众包

如果你的公司还在初创阶段，你的受众也不集中在同一个社交媒体上，那么你可能很难确定下来要访谈的客户是哪些人或哪些群体。比如一个团队想对激光剃须刀进行消费者研究，于是就在 Kickstarter[①] 等网站上发布了产品原型。如果你的产品开发进度足够快，可以在六个月的时间内完成订单，这会是一种有效的客户研究方法，也可以用这种方法销售你的第一版产品。

方法六：运用领英和脸书

初创企业的另一种研究方法是在领英和脸书上识别客户。你可以使用关键词来识别符合你客户特征的人群。在确保目标候选人符合你的需求后，你可以在你的网络中找到认识他们的其他人，让熟人帮忙介绍。一旦联系上了，你就给他们发信息联系，让他们知道你在做市场调查，并希望他们参加在线调查或通话。例如，我此前在领英上想要找一个制造业营销总监的社区，结果我搜到了一百多个。从那以后，我把搜索策略细化到一个行业和一个地区。我让每位面试者另外

---

① Kickstarter：是一个专为具有创意方案的企业筹资的众筹网站平台。感兴趣的客户会在网站上寻找一些很酷的新东西，以非常低的价格入手，条件是客户要提供产品使用反馈。——译者注

> **渐进式创新：**
> 企业成功转型的八大法则

推荐两人。十天之内，我就有了一份合格的潜在客户名单。因此如果你的时间充裕，没有预算，但又想扩大你的领英熟人网络，这个方案就很适合你。

创新者聚焦

斯宾塞·拉斯科夫（Spencer Rascoff）
Zillow 公司联合创始人兼前首席执行官

2003 年旅游网站热线公司以 6.85 亿美元出售给 Expedia[1]后，其联合创始人斯宾塞·拉斯科夫和他的团队对数字业务有了新的想法：他们想做一个信息透明的网站，提供关于房屋价值的信息，让每个人都知道他们的房子值多少钱。

为了使这一创新概念成为现实，拉斯科夫和他的同事知道他们必须与客户沟通。拉斯科夫说："客户研究对我们来说至关重要。"在推出 Zillow 之后，客户告诉了他们一些出乎意料的事情，于是一个灵感导致他们加强了自身的产品理念并开发出了 Zillow 的第二种形式，也正是这第二种形式获得了极大的成功。

"我们非常认真地对待'客户之声'研究方法，"拉斯科夫回忆说，"正是客户的声音让我们了解到市场想要和需要的

---

[1] 全球最大的在线旅游公司，业务部门遍及美国、加拿大、法国、英国、比利时等国。——编者注

第四章
创新法则四：客户永远是对的

战略转变，而我们在正确的时间提供了这种转变。"

经验教训

拉斯科夫的客户研究基于用户特征，也就是基于广泛的人口统计和心理学研究，包括对客户个人的数十次访谈，对关键客户群的综合性格研究，等等。拉斯科夫和他的团队创造的角色是基于真实人物的真实信息想象出来的。

他笑着回忆说："我们的客户研究对象有买主贝丝（Beth）、经纪人艾伦（Alan）、贷款人拉里（Larry）、卖主苏珊（Susan）。我们甚至把他们的海报贴在墙上。"

尽管他们有着好玩的名字和卡通形象，但这些人物是新业务规划的一个重要部分。他们的关注点、需求、感受和态度被认真研究和对待。根据贝丝、艾伦、拉里和苏珊（以及这些角色所代表的实际人群）反映的情况，Zillow 后来改变了商业模式。

"Zillow 一开始通过信息来支持房地产销售，是房地产经纪人的助手，"拉斯科夫说，"但我们从客户研究中了解到，客户希望得到帮助，帮助他们处理所有与出售房屋有关的事情。他们讨厌现有的流程：修整房子，让买家参观，还不得不支付房地产经纪人的佣金。而最重要的问题是，不知道什么时候房子能卖出去，因此也没办法计划什么时候搬进新房。"

> **渐进式创新：**
> 企业成功转型的八大法则

2017年，在消费者研究结果的指导下，拉斯科夫领导Zillow扩展到一个新的业务领域，Zillow将直接从消费者手中购买房屋，对其进行装修，然后转售。在拉斯科夫的任期内，这一业务拓展取得了成功，并且随着Zillow将这一服务推广到新的城市，其股价持续攀升。2019年，拉斯科夫卸任Zillow的首席执行官，并将首席执行官的职责移交给联合创始人里奇·巴顿（Rich Barton）。两年后，为了追赶该领域的行业领导者"开门"（OpenDoor），Zillow在这一领域扩张过快，积攒了太多的房子。巴顿承受着数亿美元的损失，懊悔地关闭了该部门，并在公司损失数百亿美元价值时裁掉了2000名员工，这提醒我们，执行与战略同样重要。

创新者启示

- "从不同的年龄层和各行各业获得关于你产品或服务的多种观点。有人可能会通过一个透镜来看待事物，从而帮助你把它重塑得更好。"

- "即使你是一个正在发展中的企业，也要不断地与客户交谈。你会了解到他们不断变化的需求和市场动态。"

- "在做出战略扩张决策时要无所畏惧。系统地消除路障，并记住，如果你真的一直在专心为客户提供服务，一切都会有最好的结果。"

第五章

创新法则五：学会随时转型

第五章
创新法则五：学会随时转型

2021年2月，我在哥伦比亚商学院开设"全球医疗保健战略"的课程时，西尔瓦娜·辛哈（Sylvana Q.Sinha）是我的客座讲师。她是健康科技初创公司普拉维健康（Praava Health）创始人兼首席执行官，该公司总部位于孟加拉国。

辛哈于2018年推出普拉维健康全业务综合门诊。不久后，她又增加了为中产阶级提供私人的、订阅式的医疗保健服务的数字健康服务。两年内，它成为孟加拉国（全球增长最快的经济体之一）增长最快的一个消费品牌。

2020年3月，普拉维健康的增长因新冠疫情而受阻。辛哈说："病人不能来诊所，我们的远程医疗又不够成熟。订阅模式下客户按月付费，疫情会造成大量客户流失，我们当时真是进退两难。无法提供产品和服务，我们如何获得收益呢？"

当时她们的债务问题和现金流都岌岌可危。"我们的投资者很担心，"她说，"我3月份来纽约，本来是为了参加投资者会议，结果会议都被取消了。"辛哈面临着巨大的外部压力，为了不让普拉维健康倒闭，她不得不转型，快速在4月份正式推出远程医疗。

5月，普拉维健康收到了好消息。孟加拉国政府批准了该公司的新冠病毒感染检测业务，使普拉维健康成为孟加拉国第一个获得此类批准的私人实验室。事情开始发生转机，自那以后普拉维健康每天接打的电话量从大约200个增加到1000个。这个品牌开始得到认可，随之而来的是现金流增多。做核酸检测的人转化成了他们的顾客，也接受他们的其他服务。"我们的现金流逐月为正，"她说，"但是普拉维健康还没有脱离险境，公司正处于一个转折点。"

在过去的8个月里，她的公司已经帮助300家公司为员工培训虚拟医疗服务；进行了56000次新冠病毒感染检测；接诊的患者从上一年的3.5万名增加到13.5万名。她继续说，"我们仍然需要资金来投资技术和聘用人才，并且，对于线上医疗的相关战略和数据模型，我们需要做出一些决策。目前，我们正在与投资者会面，评估我们的优先事项。虽然还有一段路要走，但我们已经转危为安，把危机转化成了机会。"

尽管未来仍然充满挑战，但辛哈面对危机时展现了很强的韧性和灵活性，并把危机转变成了机会，成功实现了公司转型。就在她给我的学生做报告几周之后，辛哈获得了一笔1000万美元的私人投资。

也许你听过新冠疫情期间广为流传的这句话："不要浪费任何一个危机，危机是在给你机会，让你去做以前做不到的事。"很多人误以为这句话是奥巴马政府的拉姆·伊曼纽尔（Rahm Emanuel）说的，但其实这句话最初出自温斯顿·丘吉

第五章
创新法则五：学会随时转型

尔（Winston Churchill）。那是 20 世纪 40 年代中期，第二次世界大战（现代最大危机之一）即将结束，丘吉尔说"永远不要浪费一场危机"。

这场新冠疫情给各行各业、世界各国的人带来了挑战，也带来了机遇。我们该如何重新思考我们的生活、工作、社交、旅行、上学、健身等方式？有些企业已经适应，但有一些还没有适应。我认为，普拉维健康成功在这场危机中完成了适应和转型，并最终变得更强大。

当整个世界受到疫情的限制，虽然我们无法预知未来会怎样，但有一点是清楚的：在现代最大规模的全球转折点中，我们是鲜活的试验品。后疫情时代，一切都会变。这次疫情会使大大小小的组织采取一连串的适应行为，甚至转型过渡。

例如，因为疫情，消费品零售和餐馆只能提供路边服务。疫情好转时，又允许他们在戴口罩、保持社交距离、限制客流量的前提下开业，这时他们又要再次调整。我们中的许多人都可以回忆起 2020 年夏天杂货店外排起的长队，当时一次只允许 50 人进入商店。工作和学习场所也发生了变化，大家都必须待在家里，父母和孩子都在学着共享无线网和家里的空间。

"疫情使我们对远程工作环境的接受速度加快了大约 20 年，"拉斯科夫（Zillow 前首席执行官，上一章有所提及）说，"在远程工作环境中，再也不用面对面检查员工工作。在某些方面，转型是管理变革的同义词。疫情期间当然也是如此。"在 IBM 等公司，为帮助员工进行管理变革他们发布了"在家办公指南"，鼓励管理者接受和允许员工的孩子或宠物偶尔出现在视频会议屏幕上。IBM 沃森健康的一位销售主管说："我竟然发布了一个规定，强制员工午间散步休息，以确保他们离开办公桌，进行一些体育活动。"

其他一些积极应对危机的公司通过转型为其产品找到了新市场，并使其永久成为公司市场的一部分。一个很好的例子是飞缔公司（Fictiv），这家公司总部位于硅谷，生产定制机械零件，用于产品原型制作、产品开发、新产品介绍、维护和维修，应用领域包括汽车制造商的汽车零件、霍尼韦尔等制造商的航空航天零件、直觉外科（Intuitive Surgical）等公司的机器人零件，以及健身手表和智能手机的零件。业务所涉及领域数不胜数！飞缔的联合创始人兼首席执行官戴夫·埃文斯（Dave Evans）被《福布斯》杂志评为"30 位 30 岁以下的领先创新者之一"。

虽然制造业已经全球化，但仍然植根于过时的、高成本的生产过程。这时，飞缔公司提供了一种现代的方法：凭借其由全球 250 家制造商组成的全球制造生态系统，它可以提供高质量精密零件的即时采购。飞缔公司是硬件制造业的颠覆性力量。随着新冠疫情的影响冲击了中国乃至欧洲的制造业，埃文斯为飞缔公司展望了一个新的角色。"我看到了世界

第五章
创新法则五：学会随时转型

各地的制造供应链是如何受到疫情影响的，"他在一次网络研讨会上说，"中国个人防护设备和医疗器械零部件的制造陷入停滞。随着病毒在欧洲蔓延，德国和意大利的制造业也受到影响。可以预见，一旦病毒到达北美，墨西哥和美国也将会面临防护设备和医疗器械短缺。"

2021年春天，世界上最大的集装箱运货船之一在苏伊士运河搁浅，使这条最重要的航运通道陷入停顿，这提醒人们，就算没有全球新冠疫情，供应链也有中断的风险。

为了应对新冠疫情危机，飞缔公司将其全球联网的数字生态系统投入使用。该公司采购零部件，生产、分销防护口罩，还将其捐赠给美国的医院。它领先病毒一步，为医疗器械公司采购关键零部件，并试图寻找新的供应商。这给他们带来了新的医疗保健客户，这一细分市场已经成为飞缔公司增长最快的市场之一。

飞缔公司的转型是成功的。该公司不仅勇于承担社会责任，帮助大家应对危机，还将其能力永久扩展到医疗领域，为医疗保健提供机械和医疗设备零件。

埃文斯说："这是一个对我们业务产生长期积极影响的转变，因为它给了我们寻找新的细分市场的机会。如果不是因为这场危机，我不知道我们是否会像现在这样积极探索医疗保健变革之路，是否会像这样快速前进。幸运的是，数字生态系统给了我们一个机会，使我们能在市场情况变化时保持灵活性，以满足客户需求。当今社会瞬息万变，正因如此我们的业务能在过去两年半里增长四倍。"

有人认为转型不好，认为这意味着你不知道自己在做什么，你缺乏策略，还以转型为借口。当然，任何好的方法都有可能被错误使用或无效使用，转型也不例外。但重点是提前做好功课，实行你最好的计划，如果计划有误，不要害怕随时改变路线。

为什么转型是成功的关键？

转型是改变策略，而不改变愿景。有时转型是调整策略，使其与你的愿景一致。改变方向对一个企业来说可能是一件好事，因为通往成功的道路很少是一条直线。让我们来看几个历史上和当今的例子。

1850年，科尼利厄斯·范德比尔特（Cornelius Vanderbilt）认识到一种新的运输形式——铁路运输正在出现，它比蒸汽船运送货物和产品要快得多、有效得多，于是他转而投资铁路运输行业。

13岁时，威廉·瑞格理（William Wrigley）是他父亲公司的一名肥皂销售员。在芝加哥卖肥皂时，他为每盒肥皂都提供发酵粉和口香糖。当他发现后者更受顾客欢迎后，他转型做了一个新的大受欢迎的品牌——箭牌薄荷口香糖。

第五章
创新法则五：学会随时转型

21世纪初，一家名为奥德尔（Odeo）的播客公司意识到，它无法与苹果iTunes[①]提供的类似平台竞争。当该公司的一名员工杰克·多西（Jack Dorsey）想到创建一个平台，让人们分享他们在做什么的"状态"时，公司开始转型，推特（Twitter）诞生了。

Yelp[②]在2004年推出一款针对消费者商业评论的众包手机应用程序之前，它最初只提供自动化电子邮件服务。YouTube最初只是一个约会网站。爱彼迎（Airbnb）[③]曾是在旧金山三藩市成立的一家租床垫公司。研究表明，即使是多次创新业务的新企业也可以减少失败的机会，因为它们节省了资源，而且了解了更多关于客户、业务伙伴和新技术的信息。

历史充满了伟大的转折。你的生意会是下一个吗？也许吧。但首先，我们必须记住为什么一个组织可能需要转型。

💡 转型的首要原因是什么？

如果你关注你的产品或服务得到的市场反馈和数据，你应该注意到一些表明你的战略没有达到预期效果的信号。如果出现以下几种情况，你就要重新评估你的产品和战略，并

---

① iTunes：苹果公司推出的免费数字媒体播放程序。——译者注
② Yelp：美国最大点评网站。——译者注
③ Airbnb：是一家联系旅游人士和家有空房出租的房主的服务型网站。

决定是否需要进行改变。

原因1：预测到顾客将来不会买你的产品或服务

特里亚纳集团（Triana Group）的首席执行官贾布里勒·本斯德林（Jabril Bensedrine）描述了他与一家上市物联网公司的合作。该公司以前是一家电子工程公司，其收入模式是基于服务费，该公司决定转型成为一家更具扩展性的"物联网传感器"产品公司。然而，当它转型时，物联网的真正价值已经开始从硬件转向软件和数据。软件即服务，甚至数据即服务，这是基于按数据付费的新收入模式。于是该公司启动了第二次转型，以增加软件和数据的收入来源，这很有挑战性。

本斯德林解释说："这家公司一直为许多行业和应用程序提供技术支持，其技术可以推动数以千计的应用场景。因此，我们需要探索如何将其范围缩小到少数几个应用领域。与此同时，这家公司在公开市场上筹集了大量资金，但不幸的是，这家公司许诺的高收入并未实现。投资者变得不耐烦，甚至做出了撤资等极端的决定。于是公司采取了重新分配资源这一重大举措，以使公司更加专注于一些领域。这最终使他们能与数十亿美元的大公司形成战略伙伴关系，因为这些公司需要加强他们的物联网。"本斯德林告诫我们，"事后看来，说起来很容易，但转型时不仅要对当前市场趋势做出反应，还要预测下一步的市场走向。"

原因 2：竞争对手的品牌知名度更高，而且细分市场正在增长

如果你所服务的细分市场正在增长，你的竞争对手正在其中扩大市场份额，而你没有跟上，那么是时候重新评估你的市场匹配度，了解客户需求，并执行你的计划了。当我与一家电子产品制造商合作，提高他们在医疗保健领域的市场份额时，我们的市场评估显示，细分市场和竞争对手增长强劲，已经与我们的销售额持平。我们观察到这家公司的客户团队一直在埋怨采购，而且订立合同的过程一团乱麻，导致客户甚至搞不清楚客户团队谁是谁。于是我们认为扭转局面的关键在于两件事，一是专注对手公司的一个客户；二是培训客户团队，使其与新的客户需求保持一致。我们训练客户团队与研发及工程领导进行商业对话，这些客户群体决定了他们要生产什么样的产品，要与哪些供应商合作。这次转型产生了戏剧性的效果，尽管花了五个月的时间才完成，但到了下一个商业周期，这个客户团队击败了 40% 的竞争对手，并扩大了所占的市场份额。

原因 3：预测到财务状况不佳

进行实际的财务预测可能是一个挑战，尤其是对一个新产品或服务，但如果销售额和收入连续超过一个财务季度低

于预期，就一定要分析原因。

原因4：你的渠道合作伙伴或战略合作伙伴终止与你的合作

合作伙伴能够给你提供直接接触客户的机会，他们愿意与你建立合作关系，帮助你向客户提供产品或服务。这样的合作伙伴是任何品牌走向市场的关键。亚马逊公司是数百万实体和在线品牌的渠道合作伙伴。但是，如果你不能吸引客户，像亚马逊公司这样的渠道合作伙伴会给你降级甚至把商品下架。这是一个重要的信号，表明你的产品和营销并不正确，通常这时候，就要计划转型了。我在普林斯顿大学的一个学生小组开发了一种营养饮料，他们声称可以解酒。几个月来，他们一直是亚马逊平台的五星卖家，但后来这家初创企业难以按时完成订单，导致销售额急剧下降，亚马逊公司便威胁他们将产品下架。毕竟，亚马逊公司是靠其产品的销售额按比例获利的。在经历了痛苦的下架之后，该公司增强了生产能力，并发起了营销活动，最终重回市场。

原因5：外部制约条件影响你的生意

当无法控制的外界因素阻碍你销售产品和服务时，会发生什么？全球新冠疫情就是一个很好的例子。在疫情早期，航空业突然停滞，但美国联合航空公司（United Airlines）等航空公司很快转型，他们开始运输个人防护设备和呼吸器等

第五章
创新法则五：学会随时转型

用品到世界各地。更重要的是，这些航空公司还将医务人员和急救人员送到需要他们的地方。疫情期间，他们还给客户发信息，陈述他们为抗击疫情所做的贡献，并第一时间回复客户信息，直到航空运输恢复正常。

何时转型？抓住机会！

为了把一个伟大的产品或服务推向市场，并确保它的增长，你需要定期对客户的体验感受做出回应。这就是为什么在本书中，将"转型"放在"与一百个客户交谈"之后。他们会告诉你是否需要做出改变。即使你的创业想法没有引起客户的共鸣，你也不必扔掉一切，从头开始。其实，恰恰相反！转型需要你把一路上所学到的关于客户的东西列一个清单或目录。如果能了解到为什么你的想法没能取悦客户，那就更好了。不要害怕问他们：

"你不喜欢这个产品的什么地方？"

"什么更适合你的需求？"

"如果我们做了 X 或增加了 Y，你会不会觉得它更有用？"

在目标市场中探寻最初构想的潜在弱点，会让你更容易找到如何以及何时转型。这样，你将会朝着一个新的方向前进，并更好地与客户保持一致。

这里有一个我们称之为"调整转型"的很好例子：我是

99

> **渐进式创新：**
> 企业成功转型的八大法则

山地吉他（Mountain Guitars）的团队指导老师，这个团队参与了"普林斯顿创新加速器"项目。该公司为露营者和徒步旅行者设计了一种小型、轻便的旅行吉他。最初团队的总部设在盐湖城，将目标受众定为犹他州的野外露营者。其创始人在众筹平台上发起了一个众筹项目，借机出售了50把这种小吉他。但是，他们一扩大客户范围，就发现专业的吉他演奏者并不喜欢"小吉他"这个想法。有一次，他们采访到一个经常带着吉他旅行的狂热背包客，收获了一个惊喜的发现：背包客碰巧有个5岁的孩子，他告诉采访者他想买一把吉他，但不是给自己，而是给他的儿子，他甚至不知道这个吉他是为像他这样的旅行者设计的。在进一步探索之后，他们了解到，相比较在那些野外露营者当中，他们的吉他在学龄儿童父母中的市场要大得多。"孩子和他们的父母喜欢我们吉他的小巧轻便，"团队的创始人说，"但他们之所以喜欢的真正关键原因是，它是由碳纤维制成的，所以坚不可摧，不会摔坏。相比之下，市场上已经出现的大多数儿童吉他都很便宜，而且很容易坏。"

该公司一经转型，从为比较专业的玩家提供轻量级乐器转向向儿童提供高级儿童乐器，就大获成功。"我们创建了一个反馈记录，并开始采访家长和音乐老师，"他说，"然后，我们用学校音乐节目测试了该产品的新版本。最后通过学校的音乐节目，我们还卖掉了一些吉他，效果真的很好。后

第五章
创新法则五：学会随时转型

来，我们又研发了体积更大的成人吉他，最终成功吸引了两个市场。"

💡 去了解你的客户，不要只看数据

正如我们在本书中所强调的，你需要贴近你的客户。史蒂夫·乔布斯在苹果公司持续推行这一理念，斯潘塞·拉斯科夫在 Zillow 也是如此。要多贴近呢？你需要成为你的客户。这需要的不仅仅是查看数据，还需要观察客户，一对一地和他们交谈，通过调查，看看你的产品或服务是否同客户需求相匹配。公司转型时，必须贴近客户，这是不变的真理。

我的一个客户正在研究从医生办公室收集数据的新方法。他们之前的方法需要输入太多数据，导致了医生和他们办公室工作人员的抱怨，所以销售结果非常糟糕。但我们并没有就此放弃收集数据。相反，我们会见了一百名医生（整整一百名）和他们的数据输入人员，检查他们输入病人数据的过程。于是我们提出了新的解决方案，这个方案让医生能从其他记录中将数据复制粘贴到我们的系统中。这是最初产品的一个转型，但战略和公司目标保持不变——以确保准确性和符合医生工作流程的方式从医生办公室收集病人数据。

如有必要，尽早转型并经常性调整方向！改变方向并不是失败，要把它看作是必要的路线修正，它将帮助你在最大化节约成本的情况下做出有意义的、成功的改变。

构建以客户为中心，而非以产品为中心的文化

从高层来看，转型似乎势在必行，但对那些负责执行的人来说，可能很令人懊恼。要做到这一点，你需要建立一种以取悦客户为中心的团队文化。你的团队应该明确，根据客户反馈进行路线调整是意料之中的，而不应该被理解为失败。

既然走上了这条路，就不要原地踏步

有时你可能害怕转型，因为你在原有的产品或服务上投入了太多。你以为再过一个星期或一个季度，就能扭转局面。但是，如果现状无法带来增长，是时候鼓起勇气并做出重大转变了！

我曾帮助一家初创企业推出一种"智能"除臭剂瓶，它可以喷出适量的除臭剂，不会让你的衣服上有污渍。最初，他们在启动器[①]项目上的反响非常好，并接到了许多订单。他

[①] 启动器（Kickstarter）：2009年4月在美国纽约成立，是一个专为具有创意方案的企业筹资的众筹网站平台。——编者注

第五章
创新法则五：学会随时转型

们在产品设计和营销准备上下了很多功夫，但在完成了启动器项目的订单后，他们发现这个产品并没有市场需求。通过客户调查，他们发现，即使买除臭剂瓶还附赠一个物美价廉的除臭剂替换装，大多数人还是不愿意花 35 美元买一个智能除臭剂瓶。尽管启动器项目的顾客喜欢这个产品带给他们的新鲜感，但普通消费者认为这并不值得他们花费 35 美元。通过观察，我发现他们的剂量测量技术在医学领域能发挥更好的作用，于是建议他们转型去解决局部皮肤用药剂量的问题。他们的技术可以预防皮肤表面用药过多（可能会导致不良反应）。虽然技术没有改变，但市场重心改变了，而且非常及时。他们可以与一个皮肤病品牌建立合作伙伴关系，为该品牌提供配药器，以打败其他竞争对手。

💡 转型时如何确保稳定性？

当你改变方向时，该如何实施转型，并让股东和其他利益相关者信心满满地参与进来？首先，你必须清楚转型的原因，以及该如何转型，才能激发大家前进的动力。即如果你的转型确实需要做出重大改变，这可能推迟或减缓公司的发展，你必须做一个清晰的规划，并向大家表明公司一旦走上新的轨道，将如何加快增长。我曾协助一家诊断公司转型，为了获得监管批准，以及与生物制药公司建立商业伙伴关系，

> **渐进式创新：**
> 企业成功转型的八大法则

我们完成了所需的额外临床研究，并向投资者展示了在这个过程中，合作研究对于创收的重要性。其次，在计划和执行转型时，要确保各方能清楚有效地沟通，并始终保持一定频度的交流。让你的团队和利益相关者了解正在发生什么，以及他们所处的状况，这是他们能够信任并对你这个创新领导者有信心的关键。最后，忠于新计划。如果你设定了一个新的路线，却在执行时摇摆不定，这会让团队和你的投资者感到很困惑。所以，一定要精益求精地坚持到底。

着眼大局

承诺要达到一定的目标，但让事情随时可以改变。毕竟，你需要的不一定是一个精确的路线图，而是要明确方向，以及记下将要研究证实的一些选择。例如，在网飞运营的一个阶段中，其创始人里德·哈斯廷斯（Reed Hastings）的目标是公司最终会转向流媒体，但其创立之初的目的是"为每位观众提供最精彩的家庭视频"。他的大方向是不是以产品领先，而是给客户提供良好的客户体验。随着业务转向数字分销，其最初的目标仍有其意义，甚至连公司名称都暗示着它未来的走向。哈斯廷斯说，如果技术允许，他想做视频点播，这就是为什么公司名为"网飞"。在哈斯廷斯的畅销书《不拘一格》(*No Rules Rules*)中，你可以从中读到更多关于哈斯廷斯

第五章
创新法则五：学会随时转型

重塑家庭娱乐产业的内容。

💡 忠于你的愿景

研究表明，当组织的信息不一致时，客户会认为它们不那么合理可信。所以为了保持可信度，创始人需要明确他们的战略方向和产品之间的联系。例如，当初创企业 Away（行李箱品牌）的创始人意识到他们的第一个行李箱在圣诞节前还没有准备好时，他们创作了一本关于旅行咖啡桌的书，出售时附赠一张 Away 旅行箱的优惠券，可以在假期后兑换。这使投资者感到焦虑，因为这个决策与他们的战略看起来大相径庭。Away 公司解释说他们正在创建一个旅游体验品牌，所以这本书符合他们更广泛的战略。最终，他们卖出了两千本书（和可兑换的优惠券）。这个销量已经非常好了，毕竟，新冠疫情对旅行行业造成了很大影响，对他们的品牌也造成了冲击。现在，他们已恢复正常。坚持成为一个代表旅行体验的品牌是一个挑战，但他们的董事会认为这是一次非常有创意且战略合理的转型。

💡 迅速行动！肌肉萎缩症协会（MDA）如何在新时代转型？

要果断地朝着新的方向前进！

> **渐进式创新：**
> 企业成功转型的八大法则

　　一旦你决定转型，重要的是迅速行动，整理你的资源，转向新的战略。拖延只会浪费时间和金钱，并会使利益相关者和市场感到迷惑。当制药公司辉瑞和莫德纳决定从2020年计划好的治疗药物研发生产系统转向研发新冠疫苗时，他们果断地采取了行动，宣布了他们的计划，并集结了公司资源，争取在2020年年底前将疫苗推向市场。这两家公司都成功了，其成功都有着跨时代的意义。

　　在新冠疫情期间，非营利性机构遭受了沉重打击。许多需要面对面接触的活动，比如筹款晚宴、慈善步行和高尔夫锦标赛，这些非营利组织的主要活动都被迫取消。他们几乎在一夜之间减少了一半的收入，因此不得不让员工暂时休假甚至裁员。

　　肌肉萎缩症协会是一个在疫情期间成功转型的非营利组织。该组织成立于1950年，是为患有神经肌肉疾病的儿童建立的游说组织，并因喜剧演员杰里·刘易斯（Jerry Lewis）每年在劳动节这天主持的电视节目而闻名。据报道，从1966年开始到2009年，该节目共筹集了24.5亿美元。在刘易斯2010年最后一次主办这一活动后，肌肉萎缩症协会尝试了其他筹集资金的方法，包括面对面的捐赠活动。当新冠疫情来袭，面对面的活动被取消后，该组织又不得不创造新的方式筹集资金。当时的肌肉萎缩症协会首席执行官林恩·奥康纳·沃斯（Lynn O'Connor Vos）和她的团队在夏天迅速行动,重新启动了这场标志性的电视节目,这一次是虚拟筹款,由演员凯文·哈特(Kevin Hart)担任主持人。这是此类虚拟筹款活动的第一次尝试,筹集了1050多万美元,成绩斐然。

沃斯说:"这个电视节目有助于提高人们对肌肉萎缩症的认识,鼓励人们捐款,这直接关系到是否能研发出拯救生命的治疗方法。我们的转型也为非营利组织改变筹集资金的方式提供了思路。通过凯文·哈特和他的慈善机构,我们赋予了新时代的慈善捐赠魔法和力量!"

如何避免常见的转型陷阱?

不成功的转型常见的陷阱包括时机、执行和沟通问题,你需要协调好这三个方面,下面我们看几个转型失误的例子。

魔法飞跃(Magic Leap)是虚拟现实技术的先驱,它将其产品定位为面向消费者的高质量游戏耳机,其口号是"魔法之音,随心聆听"。但当其增长缓慢时,该公司便着眼于其他市场,竞标一份政府合同,向军方出售虚拟现实耳机。当该公司还没有赢得合同时,就有人批评它突然从一种"供人娱乐的产品"转变成了"致命的军事装备"。很显然,魔法飞跃这次转型时机的选择并不恰当。不仅如此,在那之后,该公司聘请了一名前微软高管担任首席执行官,并探索虚拟现实更广泛的应用领域，包括教育和医疗保健领域。

转型陷阱的另一个实例：两家金融公司组建了一个线上社区，专业投资者能从中看到自己的金融交易。这个想法是为了吸引投资者来到网站，识别他们中最有才华的人，并利用他们的策略赚钱。这两家公司都成立不到6个月，并拥有相似的融资团队。而且，两者都转向直接面向消费者的投资服务。但是最终，一家成为自动化投资咨询行业的领导者，管理着超过10亿美元的资金，而另一家被迫出售资产并关闭。在进行了深入的比较分析后，哈佛大学的一个团队得出结论，导致他们最终结果完全不同的一个关键原因是两家公司对待利益相关者的方式不同。这家成功的公司从未动摇过其实现金融民主化的决心，即使在改变战略时也没有动摇过，他们的首席执行官将商业计划的改变定位为"殊途同归"。而这家失败的公司在短时间内尝试了好几次变革，每一次都推出了一个新的目标，从"提高投资信息的透明度"到"使投资社会化"再到"可信的投资咨询"。更糟糕的是，这家公司的首席执行官没有与利益相关者充分沟通，最终播下了怀疑的种子。他后来承认，"信息鞭打"是他无法让利益相关者参与进来的关键原因。我们要学到的经验教训是：如果你没有充分沟通为什么、何时以及如何转型，那么你的新定位可能会让客户和合作伙伴感到很困惑。

安基（Anki）玩具是另一个没有转型成功的例子。他们承诺将人工智能带到孩子们的玩具中,但他们一直没能给孩子们提供足够的价值。他们的转型不够迅速,因此,2019年5月,他们的网站上出现了以下信息:"我们带着很沉重的心情通知你,安基已经停止了产品开发,我们不再制造机器人。我们的合作伙伴和客户们,感谢你们所有的支持,感谢你们加入我们的旅程,将机器人和人工智能带出研究实验室,带进你们的家庭。"这无疑是一次旅程,可悲的是,这一旅程已经被迫中途结束,因为该公司没有足够快地制定新路线。

六大著名的成功转型公司

正如我们所看到的,有些公司转型非常成功。最近,《首席执行官》杂志发布了一份名单,列出了一些公司比较著名和成功的转型,每一个都鼓舞人心、颇有教益。

1. 任天堂(Nintendo)

日本最大的电子游戏开发公司,曾经尝试过许多行业,业务所及包括出租车、旅馆、拉面、吸尘器。应该没有哪家公司能有任天堂转型的次数多。但在20世纪80年代,当该公司决定专注于游戏和电子玩具后,它终于进行了完美的转型。推出了大金刚、超级马里奥兄弟、塞尔达传说、俄罗斯方块99等一系列火爆游戏,2018年任天堂获得了近100亿美元的利润。这可比做面条挣的多得多!

渐进式创新：
企业成功转型的八大法则

2. 培乐多（Play-Doh）

库托尔（Kutol）成立于 1930 年，起初是做墙壁清洁剂业务的，旨在清洁煤炭加热器留在墙上的黑色残留物。然而，随着石油和天然气供暖流行起来，人们对清洁剂的需求急剧下降。该公司听说一名工艺美术教师使用库托尔不是为了清洁，而是为了创造。于是他们非常灵活地进行了转型，这种灵活性后来也体现在了他们的新产品上。库托尔变成了培乐多，开始生产五颜六色的模型颜料。1955—2005 年，该公司成功售出超过 20 亿罐培乐多颜料。

3. 星巴克

1971 年，星巴克成立之初是一家销售浓缩咖啡机和咖啡豆的企业。1983 年，在访问意大利后，首席执行官霍华德·舒尔茨（Howard Schultz）决定在一家欧式咖啡馆里做星巴克咖啡。因此，星巴克将喝咖啡变成了一种社交，朋友或同事们聚在小桌子旁，一边小口品尝着高价咖啡，一边交流商业理念或分享故事，谈笑风生。星巴克在全球有 3 万多家门店，已经成为大家常去的场所。"会议地点：星巴克"经常出现在许多公司的日常安排目录上。

4. 照片墙[①]（Instagram）

Instagram 最初叫博尔本（Burbn），一个监督用户运动，

---

① Instagram：一款运行在移动端上的社交应用，以一种快速、美妙和有趣的方式将你随时抓拍下的图片与彼此分享。——译者注

第五章
创新法则五：学会随时转型

可以分享照片和打卡的应用程序。最初，它是联合创始人凯文·斯特罗姆（Kevin Systrom）用以学习编码的兼职的一个项目。当斯特罗姆发现照片共享是用户最常用的功能时，他宣布博尔本当时的发展方向不对，并简化了该应用程序，以此创建了 Instagram。Instagram 在推出后几个小时内拥有的粉丝量就超过了博尔本一年积攒的粉丝量。两年后，脸书以 10 亿美元收购了 Instagram。

5. 爱彼迎

2007 年，布莱恩·切斯基（Brian Chesky）和乔·杰比亚（Joe Gebbia）这一对好友将他们旧金山公寓里的充气床垫租给了节俭的旅行者或在高峰期订不到酒店的人。他们把这项服务称为"空气床和早餐"。但他们很快意识到公寓的业务发展十分依赖大型会议接单。因此，他们转而为旅行者提供便宜的住宿和真实的当地旅游体验。如今，爱彼迎被估价 380 亿美元，并于 2020 年进行了首次公开募股。

6. 油管（YouTube）

2005 年情人节，视频交友网站 YouTube 推出了一句非官方的口号："交朋友就来 YouTube！"。但这个定位一直没有获得成功。他们的联合创始人随后了解到，用户访问该网站并不是为了交友，而是为了分享有趣的视频，就像联合创始人贾维德·卡里姆（Jawed Karim）也曾经发布过一条有趣的视频，名为"大象的鼻子真的非常长"。结果表明，这真的

> **渐进式创新：**
> **企业成功转型的八大法则**

是一个非常好的主意。仅仅一年后，谷歌以 16.5 亿美元收购了 YouTube。它现在是最受欢迎的视频分享网站，估价高达 1600 亿美元。

创新者聚焦

西尔瓦娜·辛哈（Sylvana Q.Sinha）
普拉维健康创始人兼首席执行官

当西尔瓦娜·辛哈在她家的家乡（孟加拉国达卡）度假时，她的母亲生病了，必须做紧急阑尾切除手术。尽管在医院的贵宾病房，也无法满足她们的医疗需求，所以不得不前往邻国做手术。辛哈对此印象非常深刻，她决定尽她所能解决孟加拉国医疗保健落后的问题。2018 年，她创建了普拉维健康，这是一个营利性私营医疗保健平台，为客户提供以患者为中心的服务，大大提高了孟加拉国原有的医疗保健水平。普拉维是一个"实体和虚拟结合"的健康保健平台，既有线下免预约诊所，也有线上看诊。自 2018 年推出以来，该平台每年服务人数都增长两倍，目前正为二十多万名患者服务，普拉维的发展模式将要扩展到全球 85% 的人所在的新兴市场中。

第五章
创新法则五：学会随时转型

经验教训

新冠疫情带来的特殊挑战和机遇使辛哈和她的公司得以转型和增长。在短短几个月内，普拉维能够有效、远程地授权和领导全球各地的团队推出全新的本地化技术产品，包括线上初级治疗、新冠病毒感染症状跟踪器、远程健康平台、电子药店等。"我们的转变最终带来了服务业务前所未有的增长，"辛哈说，"我们必须学会如何快速推出新产品，为患者提供所需服务，我们做到了。"

普拉维的生产线也进入了高速发展。"一夜之间，我们的团队必须重新确定产品的优先级。因此，整个产品开发和员工培训的时间安排都得随之改变。同时我们仍然最大限度地关注现有的非新冠病毒感染患者，尽最大可能满足他们急诊或面诊的需求。"在新冠疫情期间，普拉维成为该国最大的核酸检测私人供应商之一。

虽然辛哈为公司出色应对新冠疫情带来的挑战感到自豪，但是，她知道还有一些工作必须完成，这些工作不仅是为了普拉维，也为了孟加拉国的人民。孟加拉国人口众多，人口密度很大，有着巨大的医疗保健需求。在孟加拉国，医生接诊每个病人的平均时间只有 48 秒，全国只有一个国际认证的实验室，市场上超过 10% 的药物是假药。"在许多国家都只关注本国公民的时候，我们如何吸引外部资金呢？"辛哈说，

> **渐进式创新：**
> 企业成功转型的八大法则

"我得学会更好地讲述我们的故事。"

创新者启示

创建自己的空间。方形的塞子塞不进圆洞，你必须为自己创造梦想和机会，创造自己想要的、影响深远的、意义重大的梦想和机会。不要让别人来定义那些梦想和机会。

没有行业背景不应该成为你改变它的阻碍！相反，了解它，沉浸其中，然后想出如何改变它。辛哈说："我曾深入我的国家，与病人、医生、公共卫生专业人员、企业家和投资者交谈。我尽可能去寻找全国、全亚洲乃至世界各地任何能教我提高高质量医疗健康的人。"

继续走！有时候最难做的事情就是醒来，为新的一天而战。但这就是你所能做的，也必须做的。

第六章
创新法则六：制定商业模式与计划

第六章
创新法则六：制定商业模式与计划

我曾受邀给"囚犯和企业家商业计划大赛"当评委，那时我觉得这是一件非常有意义的事情，可以支持潜在的企业家，解决累犯问题，并让囚犯回报社会。

联系我的人泰德曾是我在普林斯顿大学的学生，现在他是一个非营利组织的志愿者，该组织向当地监狱提供创业培训项目。他和他的几个同事组织了一个为期八周的商业计划培训项目，对位于新泽西州纽瓦克（Newark, New Jersey）郊外的监狱中感兴趣的囚犯进行培训。大多数囚犯是18~30岁的非洲裔美国男性，他们因抢劫、吸毒、贩毒以及帮派暴力而被监禁。许多人是惯犯，他们在被释放后也曾想要努力生活，但是因为有犯罪记录，很难找到工作。这个项目旨在帮助他们发展技能，规划未来，并探索创办属于自己的小企业的兴趣。

中午12：30，参赛的囚犯以小组形式展示自己的计划。詹姆斯的计划脱颖而出，被认为是最好的想法。在他的计划中，他说他和表弟雷吉（Reggie）在纽瓦克自由国际机场（Newark Liberty International Airport）经营报摊时观察到了一个问题。据詹姆斯说，机场没有为需要理发和刮胡子的男性游客开设理发店,因此,他们想租一个地方为男士提供理发服务。他们对一个月内经过机场的男性游客数量进行了市场调查,包括中途停留的数量,并证实机场半径16公里内没有理发店。雷吉问了几十个经常光顾报摊的男人,如果附近有理发店,他们有没有兴趣理发。大约65%的人说有。

在完成商业计划的第一步——观察需要解决的问题之后,这对表兄弟还在商业计划的其他方面做了功课。他们想要筹集10000美元来交租金和筹备理发店。詹姆斯徒手画了一个表格,显示了成本。表格的行和列分布均匀,标题清晰,包含:劳动力、租金、理发用品、每月水电费、杂费、税金。另一张表格是他的收入预测,基于理发服务的平均价格和一个月的客流量。目前两人有1000美元,所以筹集剩下的9000美元是一个问题。

詹姆斯对资金来源有几个设想:新泽西州有一个国家拨款项目,为那些刑满释放满12个月要创业的囚犯提供资助。另外,他有一个叔叔,同意以5%的利息借给他们5000美元。他甚至为理发店取好了名字——纽瓦克JR(詹姆斯和雷吉的首字母组合),还有一句口号:"男士旅途中的酷发型。"

加里的计划也令人印象深刻。他想为邻居们提供一种叫作"硬质景观"的业务。他观察到妈妈的邻居们都有小院子,但是尝试在那片土地上种草是没有意义的,因为地面上有很多岩石,到处都是零散的杂草之类的东西。加里的手很巧,

第六章
创新法则六：制定商业模式与计划

去年春天，他甚至给妈妈和阿姨做了一个极具艺术性的岩石花园。

加里的计划是从 5 户人家开始，收取岩石和用品的费用，并出售他的劳动力（每小时 18 美元）。"先激发这几户人家对'硬质景观'的兴趣，拍摄岩石花园的照片，在 Instagram 和脸书上推广。"加里说。据他估计，他每周能做 5 份这样的工作，可以每月赚 2500~3000 美元，然后在第一年年底雇用一名兼职员工。

我十分认可他的岩石花园设计，但由于这是一项季节性服务，我向他建议每个月可以收取一些维护费来为客户修剪杂草，更换岩石。此外，在冬天也可以转向扫雪业务以维持收入。

最后一个提出计划的是泰特（Tat），他的手臂和我能看到的胸前部分都布满了文身。毫不奇怪，他的商业想法是——文身店。显然，泰特因他的人体艺术而广为人知。他对文身充满热情。

但当我问起他是否了解新泽西州的这个地区有多少竞争对手，以及他将要采取的击败竞争对手的策略时，他却武断地回答："我就是最好的文身师，我知道我的顾客喜欢什么，"泰特说，"我做的定制文身，是非常特别和有个性的。我曾根据一张照片，制作出了我朋友女儿脸的图案。但我明白你的意思，所以我打算靠好口碑做广告，并给推荐我店的客户打折。"

但是很遗憾，他的竞争对手也可能会尝试做同样的事情，所以这个策略失败的可能性很大。

总的来说，詹姆斯和加里的计划避免了许多常见的商业规划错误。许多企业家的商业计划中，缺乏足够的客户和市场调查来明确市场需求和匹配，并且由于假设不切实际，财务预测往往过于激进。泰特就是这样的典型，他们过于自信，他们爱自己的产品就像爱上了自己的孩子一样自卖自夸，他们总认为："没有人正在提供和我一样的产品或服务，我就是比别人好，因为……"

让我们后退一步，想想什么是商业计划，它需要实现什么目的？你为什么需要做这个商业计划？

首先，你需要一个计划，这样你就知道你需要多少钱才能启动，以及什么时候能收支平衡。

其次，商业计划还能促使你分析机会、评估风险、了解市场，并确定成功需要什么。如果你有一个团队，就像詹姆斯和他的表弟雷吉，你会获得重要的合作经验。在制订计划的过程中，你可以学到很多关于你的业务的知识，因为制订计划的过程迫使你概述假设，然后测试这些假设，然后进行辩论、讨论和完善，直到你把这个计划做好。

在这些人列举的项目中，我们了解了商业模式是什么。它能帮你弄清楚谁是你的客户，以及你可以使用怎样的渠道将你的服务推向市场。对詹姆斯来说，纽瓦克机场是把他的

第六章
创新法则六：制定商业模式与计划

理发服务推向市场的一个渠道。当然，他也可以利用其他渠道，比如在他姑姑的美容院提供服务，但这不是一个好的选择，因为男人们很可能不想去一个女人开的充满八卦的小发廊理发。相较之下，詹姆斯的理发店则可能会有一个电视屏幕，一直播放体育节目的内容，而这更符合男人们的胃口。另一方面，商业计划是一份活的文件，你用它来展示你所有的业务是如何运作的。从接触客户，到击败竞争对手，到你要聘用谁，再到如何管理收入和利润。

商业记者约翰·帕尔默（John Palmer）在《休斯敦纪事报》(*Houston Chronicle*)上写道："简单地说，商业计划就是对企业未来的书面描述。"他补充道，"这是一份文件，不仅将商业概念写在纸上，还概述了带领企业走向成功的人员和步骤。"

商业计划书就要像那些"监狱企业家"们那样去写：讨论该行业对特定产品或服务的需求、商业结构，以及你将如何获得成功。帕尔默写道："另一方面，商业模式是企业赢利的基本依据和计划。如果商业计划是一张路线图，描述了企业打算在给定的时间内赚取多少利润，那么商业模式就是解释如何赚钱的基本框架。"商业计划应该包括方方面面，从一个公司在一个行业中的价值到它将如何与供应商、客户和合作伙伴沟通以产生利润，它与商业模式有所区别。

要想让企业成功运转起来，二者缺一不可：一个是规划企业详细运作的计划,一个是展示如何赚钱的模式。

这听起来有点要求过高,但商业模式和计划的确能帮你搞清楚一些你不知道的东西,让你质疑可能存在错误的假设。毕竟,让你陷入困境的不是你不知道的事情,而是你错误地认为有些事是对的。

几个月后,我得知詹姆斯已经获释,并和他的表弟开了一家理发店,就在他叔叔的地下室(那个愿意借给他启动资金的人)。他希望在一两年内开一家自己的店铺。听到这个好消息,我心里很高兴。

计划

正如我们在监狱的"囚犯-企业家"项目中了解到的那样,商业计划是对漫长、艰巨、但富有创造性的创业过程的一个总结,它阐述了面临的问题和解决方案、市场匹配度、投资要求、风险和回报,以明确你是否能将商品和服务推向市场并获得盈利。营利实体和非营利实体都需要一个商业计划,它们都是由收入和利润来维持生存的,主要区别在于利润是如何分配的。

商业计划也是你与投资者、未来董事会成员、战略合作伙伴和其他可能对你的业务感兴趣的人建立关系的开始。从某种意义上说,这是你的名片,用以方便他们评估你以及你

第六章
创新法则六：制定商业模式与计划

创新的合理性。商业计划如果做好了，足以让投资者直接决定投资你的企业。

同时，商业计划也不是一成不变的。就像你的想法和你的业务会逐渐变化一样，计划也会发展变化。这是一份活的文件，所以你应该适时地根据市场情况重新审视你的假设和市场调研结果，每年更新几次预测。确切的数字并不重要，因为你制订计划时，信息不完备是正常现象，但经济和市场匹配度至关重要。

现在，我要指出商业计划与商业模式之间的区别，商业模式规定了业务将如何运作、增长和赚钱。让我们来看一个著名的例子，雀巢咖啡机，这是一种便携式咖啡机，由雀巢公司（Nestlé）于 1986 年 1 月在欧洲首次推出。其想法是让任何人都可以像熟练的咖啡师一样制作一杯完美的浓缩咖啡。最终，它重新定义了数百万人享受浓缩咖啡的方式，并塑造了全球咖啡文化。

事情是这样的：

雀巢推出了第一台咖啡机（C-100）和 4 种经典咖啡混装套盒。咖啡机的定价约为 350 美元，但这显然只是一次性出售。为了增加经常性收入，该公司还出售专门设计的雀巢胶囊咖啡，这些胶囊只有从雀巢或雀巢分销商那里才能买到，一盒 10 个，约 20 美元。

如果一个消费者每周使用一盒咖啡，该公司每年就会增

> **渐进式创新：**
> 企业成功转型的八大法则

加约1000美元的咖啡收入。所以卖胶囊咖啡比卖昂贵的咖啡机赚得更多，雀巢因此而获得巨额收入。这被称为"刀架和刀片"模式，这种说法始于吉列推出的第一款带有一次性刀片的手持剃须刀。利润不是来自可以使用多年的剃须刀的利润，而是来自刀片，雀巢咖啡机的赢利模式也是一样的道理。

现在，将雀巢的商业模式与商业计划进行对比，雀巢的商业计划当然也包括关于如何赚钱的描述，同时也详细说明了他们的目标客户群——中上层专业人士、单身贵族或已婚的夫妇等，他们喜欢在舒适的家中享受喝浓缩咖啡的便利。商业计划还需调查市场竞争情况：科瑞格（Keurig）公司紧随其后，推出了一款价格较低的产品，因此雀巢需要锁定客户，迅速占有市场。商业计划还包括市场规模、商品销售成本、与零售商的关系、如何处理制造和分销等业务、团队结构、商标和知识产权、最终要扩展到82个国家时的会计结构，以及对增长计划和市场扩张的投资。

商业计划与商业模式，二者缺一不可。

商业计划的重大错误

错误1：忘记了现金为王

许多人在商业计划中太过关注利润（扣除所有成本后的

第六章
创新法则六：制定商业模式与计划

收入），却忽视了现金。虽然你需要利润来为未来的企业增长提供资金，但你更需要现金来支付账单，并保持企业的持续运转。因此，你需要衡量和管理的关键指标是现金流量表，无论你的现金来自投资者、银行借贷，还是来自你自己的储蓄账户。这就是为什么投资者在评估他们可能投资的公司时会询问该公司的每月现金消耗情况。在创立第一年就关门的企业中，将近 9/10 是因为现金不足。

错误 2：不验证问题和解决方案

据估计，90% 的创新都没有进入市场，因为它们未能解决客户的问题。艺康集团（Ecolab）是一家有近百年历史的水、卫生和感染预防公司，它为问题和解决方案的验证创造了一个成功的模式。伯杰负责协调艺康公司 1200 人团队的研发计划，为 24000 名相关领域的代表管理清洁、消毒、卫生和食品安全事务提供支持，涉及 300 万个客户站点。在新冠疫情期间，这家公司发现了当时市面上现有产品与美国环保署要求的快速有效消毒之间的差距。艺康公司知道，典型的病毒消毒时间长达 15 分钟，才能达到他们承诺的功效，而这对于客户来说时间太长了。所以该公司一直在开发一种独特的清洁剂和消毒剂结合物，它以浓缩物的形式运输，可以在使用时稀释。基于该产品的消毒性能，该公司成功获得了美国环保署的紧急使用授权，并提供了一种将清洁和消毒合为

125

一体的解决方案，能在 15 秒内杀死病毒。在获得紧急使用授权几周后，该产品在医院和酒店市场推出，帮助客户更快、更安全地为病人以及访客消毒。

错误 3：商业计划不完整

每个企业都有客户、产品、服务、运营、营销、销售、管理团队和竞争对手，所以你的计划最起码要涵盖这些领域。一个完整的计划还应该包括对行业和行业趋势的讨论，如市场是在增长还是在萎缩。最后，你的计划应该要有至少三年的详细财务预测，包括每月现金流和损益表以及年度资产负债表。当我看到没有这些基础步骤的计划时，我会让企业家回到画板上，做更多的市场调研，并与他的团队再次讨论，从而完善这些步骤。

错误 4：市场调研不充分

就像不完整的计划一样，对市场和商业机遇的看法一成不变，缺乏市场意识也是不行的。正如将假设与事实联系起来很重要一样，充分了解客户反馈和市场情况也同样重要。正如我们在第四章中所讨论的那样，您需要至少同一百位客户面谈，并且对市场、竞争对手和定价有透彻的了解，尽你所能了解关于你的业务和行业的一切。也许你不想被事实所困扰，但你应该有数字、图表和统计数据来支持你的假设和预测。准备充分的投资者会根据行业数据或第三方研究来对照自己的数据，毕竟，如果你的数据与他们的数据不一致，他们会质疑你的可信度。

错误 5：有不切实际的假设

从本质上来说，商业计划充满了假设，但假设必须基于事实并有证据支持。最好的商业计划非常重视关键性的假设，并能给出合理的解释和理由。最糟糕的商业计划将假设模糊地混在计划中，搞不清哪里是假设，哪里是事实，或者没有合理的研究来支持他们的假设。市场规模、可接受的定价、客户购买行为、商业化的时间，这些都涉及假设。一定要确保对照同行业、类似行业或其他公认的标准来检查你的假设是否合理。然后，你需要将你的假设与相关事实联系起来，你计划中的用地租用部分就是一个简单的例子。许多公司都需要租用房屋，无论是办公空间、工业空间，还是零售空间。因此，在向投资者和贷款人介绍你的计划之前，你应该研究不同地区的位置和成本，并仔细估计你需要多少空间，什么时候需要，以及成本是多少。

我们来看一个商业计划中没有注意租金预估的例子，这是一家临床研究服务公司，聘用我来帮助他们写商业计划。这家公司的首席执行官想租下纽约曼哈顿一个非常高级的生物技术办公室园区的一块地方，以提高该公司的品牌知名度。

他给投资者看的只有这一个选项,然而他的首席财务官给出的成本是一年前的,没有反映出刚刚调整的大幅租金上涨情况。我曾指出这是计划中的一个风险,但他们当时对此置之不理。结果,投资者当众叫出首席执行官,指责他引用过时的租金数字,还批评他没有调查河对岸新泽西州的办公位置,那里成本减半,且对公司员工来说是一个更好的选择,因为80%的员工住在泽西市[1]和霍博肯[2](Hoboken)。幸运的是,他们迅速解决了这个问题,在泽西市寻得了合适的办公区,并重新将商业计划拿到了投资者面前。

错误6:忽视应对风险

没有风险?不可能的!任何明智的投资者都明白,没有所谓的无风险业务。风险总是存在的。因此,在向投资者或贷款人提出你的计划之前,你必须充分了解潜在风险。商业计划是你的营销工具,我们建议你正面解决风险,计划要包括如何减轻风险以及如果最坏的情况发生,你的应急计划是什么。例如,软件公司需要有灾难恢复计划,以防他们的基础设施和开发团队遇到经济危机,甚至自然灾害。这种情况时有发生,无论是泰国的海啸、日本的地震,还是波多黎各

---

[1] 美国新泽西州第二大城市。——编者注
[2] 美国新泽西州的城市,其境内的火车站是新泽西州重要的交通枢纽。——编者注

第六章
创新法则六：制定商业模式与计划

的飓风，当然还有扰乱全球供应链的新冠疫情。也许你的业务不太可能受到泰国海啸的影响，但可能会出现街区停电、新的市政军械、股票波动或任何其他难以预测的大大小小的事情。不管怎样，你都要为风险相关的问题做好准备。以上都是一些比较极端的情况，你面临的情况可能更实际，比如你是否能聘用到专门类型的人才，所以要为有关风险的问题做好准备，并准备好完善的风险缓解和应急计划。

错误7：忽视你的竞争对手

任何投资者都有可能因为这一点放弃投资。但令人惊讶的是，很多潜在的企业家在他们的商业计划中都会有这样的说法：他们是行业中第一个、唯一的，或最好的。每一个企业都有直接或间接的竞争对手。竞争可能来自你的客户结构一成不变；竞争可能来自你仅仅维持现状、无所事事；竞争可能来自替代品和廉价仿制品。你可能认为你的解决方案具有独特的价值，但客户却不这么认为。我的建议是为竞争做好计划，进行激烈竞争，然后循环往复，以获取成功。如果你现在找不到任何直接的竞争对手，试着想象一下一旦你的公司建立起来，市场会是什么样子。确定你的竞争方式，并在商业计划中强调你的竞争优势，我们称为你的价值定位。

示例：旧金山湾区的一名创新者开发了一种新的鼻窦外科手术方法，这个方法把一个小气球插入鼻腔，而不是打开鼻腔（当时的标准方法）。但是耳鼻喉医学界的医生拒绝了这种新方法，尽管它对患者来说更便宜、更安全。这些外科医生接受的是传统方式的鼻外科手术培训，保险制度又能给他们提供丰厚的报销资金。他们喜欢这种方式，为什么要改变呢？为获得美国食品药品监督管理局的批准，以及让市场接纳这种方式，鼻窦气球手术的发明者花了三年时间和大量资金。如果他及早开展大量市场调查是可以预见到这种阻力，并积极解决它的。

错误8：未能提供未来发展的路线图

好的商业计划是一个商业概述，包括现在以及短期、长期的未来规划。然而，它并不只是描述业务在每个阶段会是什么样子，它描述了你将如何从一个阶段进入下一个阶段。换句话说，该计划为业务提供了一个尽可能具体的路线图。计划应该包含具体的里程碑，也就是意义重大的目标。例如，合理的里程碑可能是签下第一百个客户，生产一万件产品，在生产计划中增加一条新的生产线，或者从投资者那里筹集资金。在计划中，我们需要概述实现每个里程碑所有的主要步骤，以及如何从一个里程碑通向下一个里程碑。

错误9：陷入技术细节的泥潭

这是科技型初创企业普遍存在的问题。无论是初创企业

第六章
创新法则六：制定商业模式与计划

还是成熟公司的投资者，他们都不想看到关于技术的工程图纸，他们只会派技术专家参加这些讨论。他们更感兴趣的是你如何将技术商业化并赚得利润，从而获得投资回报。所以在主计划中尽量减少技术细节，将细节放在附录中，不要用太多的技术细节来损害"业务"焦点。

制订你的商业计划

以下是制订成功计划的几条建议。通过它们，你可以避免上述的错误，并确保你的商业计划脱颖而出，还能吸引潜在的投资者。

1. 遵循模板

这里有一个行之有效的商业计划模板：一个两到三页的执行摘要，然后是一个十到二十页的市场、客户和财务预测描述，以及一个附有详细假设、市场调查结果、财务表和技术规范的附录。它应该采取一种谈话式的、简单易懂的叙述方式，不需要技术细节。

2. 完善你的计划，使其出彩

正如你所看到的，商业计划中有很多潜在的陷阱，但其实是可以避免的！商业计划书的价值在于，它迫使你对创业过程进行全面的思考，检验你的假设，并全面了解市场。你可能有很好的想法，但你是否仔细规划了实现创业成功所需的所有步骤？你是否考虑过如何建立管理团队、聘用销售人员、启动运营方案、获得首批客户、避免被起诉、竞争取胜、管理现金流，并最大限度减少成本？你的商业计划应该真实反映出对所有这些问题的思考。

我曾经看过一份商业计划书，里面有三页的财务预测。当我问这些数字背后的想法是什么时，团队给我展现的许多假设都是没有事实依据的。后来我们又重新制订了一份真正的计划，但花了三个月之久。在团队完成第六次投资者推介并取得积极结果后，这个团队的一个联合创始人告诉我，"要想在这个充满活力的软件市场吸引资金，我们必须有高水平的预测。在你的指导下，我们又重新下功夫拟订计划，后来发现我们不知道的事情太多了。如果只拿我们之前的预测去推介，肯定会在投资者面前难堪。"

3. 做功课

在你开始写计划之前，以及在你真正开始创业之前，先调查清楚你商业计划的各个方面。如果你的计划是基于人口预测，请仔细检查并确保你对数据的解读是正确的；如果它取决于消费者有可能会这样做或那样做，请确保你能给出消息来源，并让潜在投资者对这种消费者行为预测有信心；如果它与某些定价趋势有关，请确保这个趋势没有改变（记住我前面提到的那个例子，那个首席财务官因为在他的计划中使用了过时的和不完整的信息，他们的商业计划被投资者驳

第六章
创新法则六：制定商业模式与计划

回了）。

在写计划的时候你还要继续研究，因为一切都在变化之中。研究的问题可以包括：

- 你的产品或服务是人们想要的吗，还是只是一个很酷的想法？
- 你的市场是在增长还是在萎缩？
- 你是否需要进一步的客户细分？
- 后来者、创新技术或监管变革会不会从根本上改变市场？
- 你认为人们为什么会购买你的产品或服务？

在寻找所有这些问题的答案时，不要依赖单一的信息来源，而要辅以其他来源来证实。记住，如果你还没有客户，你要让投资者相信消费者确实对你的产品或服务有需求，更重要的是，他们会以你期望的价格购买。确保你的价值定位和对市场需求的判断是正确的，这是你吸引支持和投资的基础。

4. 获取反馈

尽可能多地从值得信赖的顾问、朋友、同事、潜在投资者和贷款人那里获得反馈。你很快就会发现，几乎每个人都认为自己是专家，可以做得比你更好。这可能很烦人，但这是反馈过程的一部分。当你获取反馈，当你一次又一次地听到同样的问题和批评之后，你就能对任何问题都回答得很好了。

在我刚开始创建我的眼科诊所时，我与不同部门和职能的专家交谈，从眼科医生到熟知知识产权的人士，再到法规和临床试验方面的专家，以及客户、潜在投资者和合作伙伴。在一年的时间里，我完成了一个代表性反馈样本，确切地说，这是一个达到一百个客户的样本！

5. 考虑聘用专业人士

我非常建议你找一个信任的专业人士来指导你的商业计划，来填补你在市场营销、金融或其他领域的知识空白。有许多做这类工作的专业人士和独立顾问。好的商业计划顾问能给你提供准确的反馈，并最终让你呈现出一份出色且易读的商业计划。

一个好顾问必须对你的行业和业务类型十分了解，需要与你长时间共事。我在写我的第一家初创企业的商业计划时，聘用了一位独立顾问（之前是制药营销专家），他不仅会回答我所有的问题，还帮助我研究市场和客户、检验假设、处理数据。

6. 使用商业模式画布

商业模式画布是帮助你收集和处理想法很好的工具。在本书附录中有商业模式画布的概述和应用指导方法。

如果你创造了新的商业模式，商业模式画布就更加有用了！当大来俱乐部（Diners Club）的创始人在1950年推出第一张信用卡时，他们创造了一种新的商业模式：通过为顾客支付账单获得的费用赚钱。施乐（Xerox）在1969年推出租

第六章
创新法则六：制定商业模式与计划

赁复印机和按份付费系统时也是如此。商业模式画布的核心内容可以帮助任何创新者测试其产品、客户、合作伙伴、运营模式、财务预测和上市时间。

7. 不断微调和更新计划

写商业计划书是一项艰苦的工作，许多人要花一年甚至更长的时间来写。我每一份商业计划书都要花六个月的时间去写和调整。而且因为这个计划是动态的、不断变化的，所以我每隔几个月就要更新一次。

这其中最困难的部分是完整连贯地展现你的商业规划，你的商业计划要合理且能吸引投资者，并提供未来的发展路线。你的产品、服务、商业模式、客户、营销和销售计划、内部运营、管理团队和财务预测都必须配合得天衣无缝。一旦你能做到这些，你会获得极大的满足感，并能自信满满地与投资者、贷款人、其他重要的合作伙伴和利益相关者分享你的计划。

创新者聚焦

洛朗·利维（Laurent Levy）

洛朗·利维，Nanobiotix[①] 首席执行官，物理学家、发明家、生物技术企业家、远见卓识者。

[①] Nanobiotix：一家处于临床阶段的生物技术公司。——译者注

他于 2003 年创立的 Nanobiotix 公司是开发医疗纳米技术的行业领导者。这家公司研发的独特技术，使用纳米颗粒更精确地给药，甚至摧毁肿瘤细胞。

2019 年，Nanobiotix 获准使用其研发的临床试用药品 NBTXR3，一种"放射增强剂"，可以注射到实体瘤中，并与放疗搭配使用，其设计目的是在不损害周围健康组织的情况下增加肿瘤细胞内放射治疗的剂量，从而提高放疗这种常用抗癌方法的疗效，同时不会增加有害的副作用。NBTXR3 现已在欧洲获得商业授权，用于治疗多种类型的软组织肉瘤，同时该公司还在全球范围内研发其他几种癌症的治疗方法。

利维还在国际科学出版物上发表了超过 35 篇论文。他拥有多项专利，并定期就"使用纳米颗粒对抗癌症和其他疾病"的话题发表演讲。

但他的使命不仅仅是开发治疗甚至治愈癌症等疾病的技术。洛朗和他的团队正在与其他专家合作，利用突破性的纳米技术开发人类无限的潜能。

利维说，他作为创新者的真正目标是"激励人类超越极限，探索更好的生存方式。"

经验教训

利维很早就知道，他的雄心和想法不是用几张幻灯片或

第六章
创新法则六：制定商业模式与计划

是计划书就能说清楚的。"愿景是激励你的动力，但很难推销愿景。"他说，"如果你对投资者说，'我要治愈癌症'，他们会对你说'嗯，好的。'当我告诉我的一位前主席我要治愈癌症时，他说，'好的，但我们应该一步一步走。'那时我想我跟他的沟通失败了，连我自己的董事长都不理解！但现在我明白了，他是明智的。在别人真的能消化整个大的计划之前，我们需要一点一点慢慢来。这就是商业计划的用武之地。"

尽管利维知道计划很重要，但他也说，计划不能太过精确和具体。"创新需要敏捷性和灵活性，"他说，"没错，你需要一个计划，但你也要知道，计划赶不上变化。"

在他所说的"市场拉动和创新推动"之间取得平衡是新想法、新产品或新技术取得成功的关键。"毕竟，市场的需求和创新者的愿望之间会来回拉扯。"他说。

创新者启示

● 要么做大，要么回家。"对我来说就是这样，我鼓励所有有创新想法的人也这样做。我们只活这一次，如果你对此很有热情，那就放手一搏吧！"

● 走别人没走过路。"在 Nanobiotix，我们尽量不做别人做过的事情。在我的行业里，很多公司都在追求同一个目标。我说，与其跟随别人，不如做那个第一个吃螃蟹的人。"

渐进式创新：
企业成功转型的八大法则

● 不要害怕改变方向。"总有一条路，一旦你找到了它就会顺着走下去，但要注意在旅途中可能会出现更好的路线，这就是创新过程的本质，你必须做个探险家。"

第七章

创新法则七:加强风险管理

第七章
创新法则七：加强风险管理

从 1 分到 10 分，10 分代表满分，在管理风险方面你们为自己打多少分？

现在，想象你是生命科学行业一名成功的企业高管，你已经决定与合作伙伴共同创立一家分子诊断公司。你的合作伙伴是一位著名的医生，他将继续经营他的诊所，但也会担任你们公司的科学顾问。他同时也给你们的初创企业投入了大量的种子资金。尽管你此时手上有非常好的股权头寸，但他拥有公司的大部分股份。你的计划是一年内公司要达到一个里程碑，以确保风险投资的资金安全。但出于实现计划的需要，公司需要搬迁，于是你也开始将你的家人从费城搬到巴尔的摩。

5 个月过去了，你在许多方面都取得了进展。专利已完成注册；监管部门要求的临床研究正在进行；实验室已经建成，核心人员也已到位；你还邀请了著名的监管和研发专家来为公司发展建言献策；一些风险投资公司和生物技术公司都对你公司的技术表示了兴趣。

每个人都在等待专利局对数据的反馈，你和联合创始人齐心协力，事情正在按照你的预期发展。你把房子卖了，周末你陪家人在巴尔的摩郊区看房子，为孩子们找学校。

然而，在某一个早晨，你走进办公室，迎接你的是一个噩耗。在上班路上，你的合伙人在高峰时段驾驶摩托车在巴尔的摩环城公路上发生了车祸。随后他被送进了当地一家大医院的重症监护室，可能活不过一天。你尽量使团队其他成员保有希望，尽力维持他们的工作积极性，但员工们还是沮丧地度过了这个工作日，午餐时间几乎没有人说话。值得庆幸的是，合伙人挺过了接下来最关键的四十八小时，但他的脊髓损伤很严重。于是，接下来的几个月所有人就像坐过山车一样心情忐忑。合伙人仍然昏迷不醒，医生每天的首要任务是更新他的预后病情结果。你试图保持公司业务的顺利运行，但此时风险也出现了。

律师们通知你，公司申请的专利遇到了麻烦，需要相当高的预算资金才能解决这个问题。风险投资公司听说了你合伙人的事故，正在询问公司的生存能力还有你的计划。科学顾问们正在向你催要数据，而且有几个人威胁说，考虑到你合伙人的状况，他们将辞去在董事会的职务。更糟糕的是，已经得到的试验的初步数据和预期相反，而且数据也可能不完全准确。公司的数据专家告诉你，研究需要重新设计，数据也要重新收集，因为已经收集的大部分数据都没法用。

最后，你合伙人26岁的儿子被指定为他父亲的遗嘱执行人。你和这个小伙子见面时，他告诉你在将来你直接向他汇

第七章
创新法则七：加强风险管理

报业务，而且他还要重新考虑他父亲为公司提供资金的承诺是否依约执行。他给你六十天的时间去为公司寻找投资者并提高销售额。

现在，请重新评估一下你对处理这种危机的准备程度如何，你是否有信心渡过难关。这时你给自己的风险管理能力打多少分？

我曾在一个领导力研讨会上对参会者做过这个小测试。一些参与者在听了这个案例后为自己打的分明显下降了，他们不知道自己是否准备好应对意外和灾难性事件了。只有少部分参与者在听了这个关于医疗诊断公司的故事之后，对大多数风险都有了自己的应对方案，且对自己应对风险状况的能力非常有信心。

这个故事是真的，那个高管就是我。当时，我知道我的合伙人永远无法回来管理支持公司。此外，在他康复期间，情况也发生了变化。首先，我与合伙人还有他的家人就公司的状况进行了商讨。当时他想要经营一家商业公司的愿望已经大大减弱，但很明显的是他还想继续关注研究领域。因此，我向美国国立卫生研究院、美国国家科学基金会、一个私人研究基金会以及公司所在州和县的生物技术基金部分申请了拨款，并获得了数百万美元的资金帮助。我们获得了足够的资金来进行一系列他可以监督的研究，我同时还带来了几个对技术研发感兴趣的研发伙伴。这样，我的合伙人能够如愿以偿地经营一家小公司，进行分子诊断研究。

至于我，我决定继续前进。这家公司被其他公司收购，所以我提出留在公司做顾问，同时寻找新的机会。此后，基于我的创业经历和我在生物技术行业逐渐扩大的人脉圈子，我连续创办了三家初创企业，开始了我的咨询业务，同时开办了在普林斯顿大学和哥伦比亚大学的创新和创业课程，并加入了天使投资集团和私人股本基金的董事会。最终，我加入了"认知技术解决方案公司（Cognizant Technology Solutions）"，为这家公司找到了收入来源，并帮助他们提高了在医药领域的市场份额。

有人研究过"乐于管理风险"的创新领导者的行为特征。这些特征包括：有韧性，能包容风险和不确定性，致力于解决问题，对新机会有一种痴迷，还有警惕能力、创造力、自力更生的能力、适应能力以及不断超越自我的动力。

风险管理就像一块肌肉，必须锻炼才能变得更强壮。因此我们需要提高风险承受能力和良好的风险管理技能，并学会积极思考紧急事件且进行场景规划，无论是对于初创企业还是工作中的新项目，都应如此。

以下是我根据我的经历总结的在紧急情况下管理风险的六个提示：

提示1：专注于你的优势和才能。

提示2：在你信任的人的帮助下，广泛吸纳意见。

第七章
创新法则七：加强风险管理

提示3：从情感上脱离现状，以旁观者的身份进行评估。

提示4：评估当前的选项和资源，并设定优先级。

提示5：在主要利益相关者的支持下，开始制订并执行新计划。

提示6：向前迈进，不要回头，但要记录吸取的教训。

我们知道，创新思维需要冒险精神，但我的意思不是鼓励大家采取疯狂的、未经计算的掷骰子的做法。我的意思是你需要仔细权衡风险，评估它们的影响，建立应急计划，确定降低风险的方法，并在需要时表现出能够改变方向的韧性。

即使这种改变可能会使你偏离你最初的创新想法，但另一个想法可能就在拐角处等着你。

◎ 风险与不确定性的区别

现在，我们已经探讨了创新领导者所需的风险管理基因，让我们来看看商业风险的定义和分类。就其本质而言，初创企业需要在资源短缺和充满未知的环境中做出创新并寻求机会。这可能意味着开发新技术，拓展新分销渠道，或将现有产品或服务组合成新的解决方案。正是因为"新"，所以才有不确定性。不确定性不同于风险，业务不确定性是指业务变更可能带来问题，但目前还不清楚其结果或影响，你实际上每天都带着不确定因素做出决定，任何创新或创业都会有不确定性。但是这些不确定性、变化和挑战，以及它们对商业的潜在影响都是可以评估的。例如，你面临的风险是：由于产品或服务使客户缺乏兴趣，市场契合度也不高，你的创新可能无法转变为商业成果，这些都是你可以预见和计划的事情。前文中提到的我的合伙人的事故给我们的公司带来了很多不确定性，但我确定了关键的风险：例如，投资者群体对消息的反应，并逐一处理以减少其对业务的负面影响。

业务风险类型

风险 1：不可控风险

你计划不到意料之外的事情。例如 1973 年的石油危机影响了我父亲的化工制造和分销业务，我的联合创始人遭遇车祸，以及对全球造成巨大冲击的黑天鹅事件——新冠疫情。这次疫情对人们的影响不仅限于健康，还包括社会的方方面面，从商业到教育，再到金融和供应链。这些冲击是导致风险最大化的外部因素。有些公司被时代的浪潮冲走了，另一些公司则实现超越并变得更加强大。并非所有的风险都具有这种地震般的影响，但处理风险的能力是相同的，它需要积极主动的计划，以帮助最大限度地减少、降低或消除事件的

第七章
创新法则七：加强风险管理

负面影响。此外，在这样的情况下，你要诊断问题，修复你能修复的问题，并试图预测接下来会发生什么。

风险2：战略风险

战略风险也有一定的好处，因为它有可能通过将企业带入一个新的方向，或为市场提供新的解决方案来帮助企业更快成长。高回报通常意味着高风险。战略风险包括向新的细分市场推出新产品，或建立提供市场协同效应的合作伙伴关系等行动。如果这些策略恰当且执行得当，它们可以帮助企业超越竞争对手，但如果策略不当或执行不当，它们可能会减缓企业的发展速度。创新通常是指用较少的资源、人力和资金去做一些新的事情。恰当的时机和正确的合作伙伴关系可以快速有效地缩小企业和竞争对手之间的差距。打个比方，好的婚姻中，夫妻双方都会致力于让婚姻继续下去。

战略风险中，一个很好的例子是苹果与IBM公司之间于2014年建立的伙伴关系。这是两家公司第二次尝试"联姻"，上一次是在20世纪90年代，但由于两家公司在软件开发和许可条款上存在分歧，当时这场合作失败了，并造成了许多必须清理的附带损害。当他们在2014年再次尝试时，合作重点是将新的商业应用程序推向市场，将IBM公司的大数据和分析功能用于苹果手机和平板。这一合作需要双方做出很多实质性的承诺，因为移动设备、云和数据分析过去是，现在仍然是竞争激烈的商业领域。这次合作大获成功，两家公司都从过去的错误中吸取了教训，并于2021年在iOS系统中推出了IBM公司的新型冠状病毒疫苗病历应用程序。

风险3：可控风险

可管理的风险是最常见的，它们是可以预防的，但它们对企业的成功产生的影响也可能是所有风险中最大的。让我们来看看几种可管理的风险。

可控风险1：技术风险

技术风险是指，如果新技术不能满足要求时，会有哪些选择？例如，当阿斯利康最初推出新型冠状病毒疫苗时，欧洲药品管理局很快发现，疫苗接种两周后出现了血栓和神经系统症状病例，病患主要是60岁以下的女性。结果这给阿斯利康带来了技术风险，各国在欧洲药品管理局实施调查之前暂停使用该疫苗。然而调查发现，注射该疫苗后造成血凝块和低血小板的概率很小，不影响该疫苗的使用。阿斯利康也立刻着手研究如何减轻这种副作用。另一个例子是谷歌一直面临的风险：谷歌需要扩展和调整其现有架构，以适应不断增加的消费者流量、适应科技进步甚至还要适应不断变化的业务需求。公司必须主动对技术风险进行管理和规划。

第七章
创新法则七：加强风险管理

可控风险 2：运营风险

运营风险是日常运营过程中存在不足的结果，它阻碍了企业进入市场和获得收入的能力。换句话说，它们是那种悄悄进入企业日常工作的小故障。

我曾与一家处于初创阶段的软件公司合作，该公司未能将开发新产品的过程记录下来。这造成了两个问题：首先，当产品未能按原计划按时完成时，该公司没有足够的专业文件来评估出现故障的原因；其次，当他们解决了问题并开始与客户会面时，客户要求该公司提供其产品开发流程的文档。这引起了他们的注意，他们聘请我帮助他们进行流程设计和文档编制。在这项工作中，该公司的首席执行官看到了其他问题，并认识到需要进行全面风险评估。然后，我们制定了风险矩阵和一套策略来预测和管理财务、运营以及市场风险。

合同可能带来另一种形式的运营风险：企业可能会被迫遵守合同中的细则，或无法追究供应商或客户的责任。口头合同严格来说虽然是合法的，但很难执行，因此你需要始终坚持签订书面合同，这更有可能使你在法庭上站得住脚。让律师仔细检查保密协议和合同细则也很重要，对方公司可能会坚持要求你签署他们提供的合同，违反其中某些条款可能会使你的公司倒闭。

此外，缺乏资源，即缺乏交付产品的合适人选，是另一种可能导致企业无法实现其目标的运营风险。

总之,运营风险可能会直接导致销售损失甚至导致你失去业务。

可控风险 3:市场风险

博思公司(Booz & Company)的报告称,66%的新产品在推出后两年内就失败了;多布林集团(Doblin Group)表示,所有创新中有 96% 的创新无法收回资本成本。这提醒人们,你需要研究行业中瞬息万变的市场动态和大趋势,然后围绕用户的行为、品位以及可以改善工作生活的事物进行"客户之声"研究。

"客户之声"研究者并不像它听上去那样掷地有声。如果你在设计一款产品,并询问客户需要什么,他们可能会根据现有的竞品功能来要求你调整新产品的功能。还记得我们在第四章中讨论过的关于乔布斯的例子,以及他最初是如何设计苹果手机,然后与客户一起测试的吗?因为他知道询问客户是否想用手机拍照是不可能由此了解客户的真实需求的,因为客户并不清楚自己的需求,所以需要产品的设计者对客户进行引领。管理市场风险的另一个常见问题是,公司根据客户的人口统计学和心理特征对客户进行细分,这样的分类往往缺乏对客户对产品使用场景的了解。例如,我是需要我的手机能拍出好的照片,快速进行网络搜索,还是能存储所

第七章
创新法则七：加强风险管理

有我喜欢的视频呢？哪种功能对我来说最重要？创新者需要知道这一点。

仅仅是这种研究就可以在很大程度上降低产品的市场适应性风险。让我们看一个简单的例子——吸管。吸管已经存在了几个世纪了，它的作用是使人们更容易饮用液体。多年来，这种设计没有什么变化，因为没有什么必要去改变它。后来，有一位创新者认为，为了让儿童也喜欢喝果汁和牛奶，最好的方法是创造一种有趣的吸管，弯曲成不同的形状，并与牛奶和果汁产品一起包装。

事实证明，这种有趣的吸管取得了巨大的成功，每年售出数百万支。这位创新者适应了顾客不断变化的需求（父母希望他们的孩子喝更健康的饮料），并在一个旧产品上作了改变。他通过市场调查确认家长们想让孩子喝健康饮料，并在几个州的日托班里测试了弯曲吸管的产品原型，从而降低了他的产品风险。当他有了大量的数据，他就筹集资金并将这款有趣的吸管推向市场。

可控风险 4：资金风险

稳定的资金流显然对于新技术和新公司的发展至关重要。你必须获得财务支持才能达到关键的里程碑，随后将你的产品推向市场，然后才能维持业务。研究表明，多达 90% 的初创企业倒闭是因为它们在成立仅一年后就遇到了资金不足的

151

问题。所以，当你制订商业计划时，最重要的组成部分是对前景的规划，因为它可以帮助你确定在什么时期内开展哪些活动？需要多少资金？毕竟，没有什么比缺乏资金能更快地使公司或新技术陷入失败。

劳伦斯·布伦伯格（Laurence Blumberg）博士是哥伦比亚大学商学院校友，也是一位连续创业的生物技术企业家，他曾在威尔康奈尔医学院教授研究生课程"生命科学创业精神"，也定期为我在叶史瓦大学开设的课程讲课。他分享了自己为处于初创阶段的公司筹集资金的经验：

"当我为一家初创公司制订投资计划时，我害怕拿到比我们需要的更多的钱，因为我不想稀释我和联合创始人的股权。首先，我们对目标技术的适应证治疗有一些想法，但我们的商业计划反映出了一些不切实际的想法，并制订了雄心勃勃但缺乏重点的招聘计划。然后一场风暴来袭，尽管我们手中掌握了不错的数据，但市场暴跌，导致当我们真正需要资金时无法筹集资金。资金不足和不够专注带来的风险给了我实实在在的教训。"

所以当布伦伯格创办下一家公司时，他更加积极地规划了自己想筹集的资金数额，从而降低了财务风险。同样重要的是，在他试图筹集A轮投资[①]之前，他就为想要开发的药物

[①] 在风险投资领域，得到风险投资人第一轮投资称为A轮投资。——编者注

第七章
创新法则七：加强风险管理

制订了详细的开发和临床计划。

布伦伯格说："事实证明，降低公司财务风险、制订可靠的商业计划是我为了创造价值所能做的两件最应该做的事情。这次我的跑道要长得多，所以才能通过缓冲达到价值转折点，而且通过更多的外包，我们节省了大量的内部固定成本，使资本效率更高。幸运的是，资本市场依然强劲，但我们已经做好了最坏的打算。"

正如布伦伯格所言，降低财务风险的另一种方法是尽可能长时间地利用免费或更便宜的资本形式。例如，把你自己的一些钱投进公司，让朋友和家人向你投资或借钱给你，这是一种比从风险资本家那里拿钱或从银行借债更具吸引力的资金来源。还有非稀释性的资本形式，如政府和基金会补助金。这笔钱不需要偿还，可以在你需要风投资金之前帮你的公司续命一段时间。

风险投资公司如何管理财务风险

我们将在接下来的章节中探讨风险投资人和估值方法的作用，在此简要介绍一下风险投资人在风险中的作用。风险投资人管理风险的方法是对公司进行尽职调查，使用一些手段为企业赋予价值，然后让自己的团队成员加入初创公司的董事会，这样他们就可以参与所资助的企业的运营。在此期间，他们的专家检查技术、市场契合度、财务和运营模型，并对业务或新技术的每个要素进行评分，应用加权算法，并提出风险评估，他们使用该风险评估从投资角度对技术做出选择或不选择的决定。在评估一家公司时，风险投资人将通过一些指标来看待财务风险：现金流，息税折旧摊销前利润（扣除利息、税项、折旧和摊销前的收益），投资回报率和其他衡量标准。

风险4：声誉风险

声誉风险是在任何时候都可能发生的一种可控风险。你需要牢牢掌握公司的品牌和文化所代表的内涵，这样才能更好地应对任何不可预见的事情对公司的声誉造成的潜在风险。

对声誉风险的控制涉及预估公司处理可能损害声誉的事件时的做法。公司的声誉可能会受到没有能力、不诚实、不尊重他人和许多其他原因的影响。举个例子，强生公司对1982年泰诺召回事件的处理。当时芝加哥地区有7人死于服用了含有氰化物的强效泰诺胶囊。当时，泰诺的销售收入占强生收入的17%，占止痛药市场的份额为37%。营销人员预测，该公司将永远无法从这次破坏中恢复过来，但两个月后，泰诺以防篡改包装的形式重返市场，并得到了广泛媒体宣传的支持（事实证明，这是一个投毒事件）。一年后，其市场份额从7%攀升至30%。强生公司积极采取行动，为消费者做正确的事情，以此来维护自己的声誉：它从商店货架上召回了3100万瓶胶囊，并免费提供了更安全的片剂作为替代产品。该公司在与公众的沟通中也持开放和诚实的态度。强生高层管理人员向媒体公开了自己的信息，拒绝躲在"不予评论"的屏幕后面。

公司遇到声誉危机时，很多公司的领导要么漠不关心，要么退缩到一个壳里。在强生公司的例子中，领导层控制住了局面，使公司获得了消费者的信任，最终使强生公司成为消费者信任的传奇公司，也成了声誉管理的研究案例之一。

如何管理风险

"抱最好的愿望，做最坏的打算。"这句古老的格言在创新世界中依然是一句真理。如前文所述，就创新本质而言，将新产品、新业务或新想法引入市场是有风险的。而这就是风险评估矩阵的用武之地，它可以帮助你通过考虑事件发生的概率，以及事件后果的严重程度，来定义创新的风险级别。

这种风险矩阵的优点在于它有助于企业：

● 根据企业面临的风险的严重程度确定风险优先级。

● 通过降低影响的严重性和制订应急计划来抵消负面后果带来的影响。

● 花尽可能少的时间精力来分析潜在风险。

- 直观地传达风险。
- 确定最关键领域，重点关注最关键领域的风险。

这只是一个工具，而不是一个完整的解决方案。毕竟，风险评估会有相当大的主观性，分析者可能会根据模棱两可的信息任意分配风险值。然而，当涉及风险评估和缓解策略时，风险矩阵仍然为你提供了良好的开端。

风险矩阵示例

参考风险矩阵（表 7-1 风险识别和图 7-1 风险优先级矩阵），我们来看一个示例。在关于我的诊断公司的故事中，甚至在我的合伙人发生事故之前以及我完成风险评估之前，我们就已经面临了三种风险。

表 7-1　风险识别

类别	要问自己的问题	是否可管理（Y/N）
全球风险	● 全球/区域趋势是否有任何可能对业务产生影响（例如新冠疫情、全球半导体芯片短缺、金融市场动荡、战争/地区动荡)? ● 虽然问题的根源是不可控制的，但可以通过以下部分来确认风险并减轻它们对业务的影响。	N
战略风险	● 指导你组织战略的核心市场需求或问题陈述仍然相关吗？	Y

第七章
创新法则七：加强风险管理

续表

类别	要问自己的问题	是否可管理（Y/N）
技术风险	● 你在技术上取得成功的概率是多少？ ● 是否有其他技术阻碍可能会影响公司业务的可扩展性和适应性（例如技术的使用情况、应用程序的隐私法）？	Y
运营风险	● 你是否具备足够的专业知识来了解产品的下一个里程碑？ ● 你是否有足够的文件支持所有的流程和技术？ ● 你是否与所有供应商和买家签订了合同以确保对流程的干扰降至最低？ ● 你是否有足够的保护措施来保护你的知识产权？	Y
市场风险	● 你的客户需求是否仍然与你的产品或服务一致？ ● 你的供应商是否能够满足你不断变化的需求？ ● 是否有任何新的竞争对手可以颠覆你的业务？	Y
资金风险	● 以当前消耗率计算，你的现金储备将支持你的运营开支多长时间？ ● 你是否有足够的资金用于资本支出（包括进行新的研发投资）？	Y
声誉风险	● 你目前在客户、供应商和整个行业专家中的声誉如何？ ● 投资对你的声誉有什么风险吗？	Y

渐进式创新：
企业成功转型的八大法则

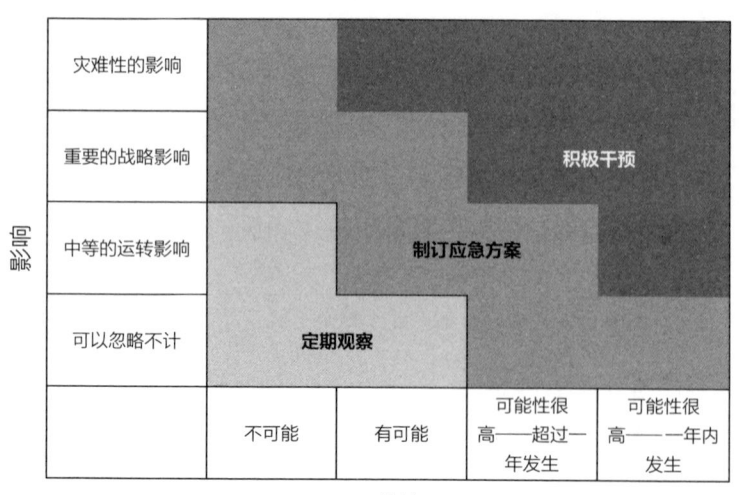

影响				
灾难性的影响				
重要的战略影响			积极干预	积极干预
中等的运转影响		制订应急方案	制订应急方案	积极干预
可以忽略不计	定期观察	定期观察	制订应急方案	制订应急方案
	不可能	有可能	可能性很高——超过一年发生	可能性很高——一年内发生

可能性

图 7-1　风险优先级矩阵

技术风险：

积极的临床数据是确保实验室认证与美国食品药品监督管理局批准程序所必需的。因此，风险就是实验室获得的消极的或不确定的数据。消极的或不确定的数据是可能存在的，其影响也是可以容忍的。这种类型的风险在新技术的开发与应用中经常发生，必须加以考虑。其影响是对时间和预算的影响。重要的是准备好备份研究，甚至是并行运行，以防你的数据没有产生预期结果。

财务风险：

在公司成立后的 9 个月内，需要投资 350 万美元用于招聘人才、建立实验室、获得认证和开展临床研究。在 9 个月

第七章
创新法则七：加强风险管理

内筹集资金还算不上风险。

尽管可以不融资，但其影响是不可接受的，因为如果没有必要的资本，产品上市的时间将严重推迟。我提出的应急或去风险策略是申请美国国立卫生研究院的小型企业创新研究补助金、患者和研究基金会的眼科医学补助金以及为新办的创新型公司提供的补助金。我申请了所有这三种类型的资金，很庆幸我这样做了。由于我合伙人的意外事故，我们未能筹集到投资者的资金，这些补助金最终支撑了公司的运转，并让我们有资金开展一些研究。补助金通常需要整整一年的时间才能获得，因此即使你不确定自己是否需要这笔钱，你也需要提早申请。通过减缓招聘和管理费用，我们可以减缓现金消耗，直到拿到拨款。

市场风险：

眼科市场需要采用基于生物标志物的诊断测试来确定哪些病人应该接受药物治疗。风险在于，市场采用这项技术的速度会很慢，我们在推出药物后也需要很长的时间才能获得收入。

市场采用这项技术的速度是否放缓，取决于医生使用我们的技术测试花了多长时间，而放缓的影响是不可接受的。因此我们与眼科领域的主要意见领袖合作，并在会议上发表演讲，分享了我们的研究假设、一些早期的积极数据，以及为什么我们的生物标志物诊断测试可以用来指导治疗，但最终研究结果尚无定论，我合伙人遭遇的事故刚好也造成了一些影响，这导致我们无法推动该技术的市场前进，于是我们

159

渐进式创新：
企业成功转型的八大法则

决定与制药公司建立研究合作伙伴关系，并获得美国国立卫生研究院的额外研究资助，以这些方法来获得资金支持，应对市场风险。

创新者聚焦

莎拉·阿普加（Sarah Apgar）

莎拉·阿普加，健康斗士（FitFighter）的创始人，她正在开发"健康斗士"（一种力量和状态系统）。"健康斗士"是基于正在申请专利的钢软管（Steelhose）的一种半坚固自由重物，它由消防带和二次回收的钢丸制成，大小24~36英寸[①]。它还可以与其他健身器材相连接，以产生不同的锻炼效果。

就像几乎所有创新者一样，当阿普加于2019年1月开始创业时，不确定性和担忧一直是真实存在的。但她成功地绕过了陷阱。她说"我认为你可以确定一条有明确的里程碑和目标的前进路线，以此来预先对冲风险。"她还说，"就我而言，我们筹集了资金，其中20%是我自己的资金，以使我们的产品开发从一开始一路走到准备上市的地步。"

为了获得经济支持，阿普加把朋友和家人找了个遍。"我的朋友史蒂夫（Steve）和我一起去过消防站，他曾是纽约长

[①] 1英寸 ≈ 2.54厘米。——编者注

第七章
创新法则七：加强风险管理

岛哈勒西特消防站的志愿者，他非常了解我们在做什么，并很乐意投资。"莎拉说，"另外，我叔叔一直说，如果我想创业，他会支持我，但说服其他人投资则要困难一些。"

阿普加向给她投钱，给她投入时间精力的大约六个人讲述了她的两年计划，该计划包括销售、盈利能力的最低标准。她说："对我来说，重要的是我觉得我已经稍微规避了一些风险。"

事实证明，她不必担心。她的产品最初用来帮助消防员保持体形的锻炼工具，后来变成了更有用的东西。"消防领域之外的体形培训师和教练说'天哪，这似乎是一个非常通用的工具。我们可以利用它来帮助很多人提升力量'，从这时起，我开始意识到我们创造了一些很不错的东西。"阿普加说。

事实确实如此，2020 年 11 月，当阿普加出现在《创智赢家》(Shark Tank)节目上时，她推出了"健康斗士"和钢软管两个产品，并收到了投资者丹尼尔·卢贝茨基（Daniel Lubetzky）的 25 万美元投资，25% 持股的报价。节目播出后不久，阿普加在社交媒体上发帖说："我们和鲨鱼（《创智赢家》节目又名《鲨鱼坦克》）一起游泳，能赢得新的合作伙伴我感到非常荣幸。"

经验教训

阿普加说，管理风险的另一种方法是确保你的供应链有多个环节。目前她的大部分产品都是由一家工厂生产的。她说：“我意识到我所有的鸡蛋都放在一个篮子里。如果那家工厂烧毁了怎么办？”虽然她认为这种情况不会发生并且对她的生产合作伙伴感到满意，但这些是开发新产品的人需要谨慎对待的突发事件。阿普加说：“我们正在排队等其他制造商，我们可以设想在某个地方实施平行制造业务。”她认为，思考供应链中的潜在漏洞可以帮助许多创新者睡个踏实觉。

创新者启示

一个优秀的创新者需要一直保持强劲的好奇心。当谈到你的产品时，你需要保持开放的心态，你需要提问。人们总是说我会工作到"精疲力竭"，我"过于顽强"，但我认为这些也是创新者取得成功需要的素质。

"你需要有一群支持你的人，一群你爱的和信任的人。成为创新者并不总是一个舒适的过程，也会有人说你的创新很差劲。在社交媒体上有人评论我的产品，说它没有用，说消防水带用作配重的想法很愚蠢，尽管我的脸皮已经变厚了，但有人说我的想法很愚蠢时，我仍然像被拳打在脸上一样。这就是为什么你需要让一些人来支撑你。"

第八章

创新法则八：没有交流就没有创新

第八章
创新法则八：没有交流就没有创新

里克（Rick）已经讲了15分钟，还停留在为他的医疗保健技术公司筹集资金的第三张幻灯片上。他讲幻灯片的速度让诸多潜在投资者感到恼火。

克里斯托弗（Christopher）是一家风险投资公司的总裁，也是里克的述标对象，他这时忍不住说："很抱歉打断一下，但我不想浪费你或我们的时间。我很欣赏你对糖尿病患者治疗方案和饮食方案问题的热情，但多年来，许多医疗健康领域的人一直在研究这个问题。你不用赘述。"他举起了一份演示文稿的副本，他在里克还停留在第三页的时候翻阅了全部演示文稿。克里斯托弗继续说："我已经看了幻灯片的其余部分了，我们不如直接一点，告诉我，你的解决方案如何在一个非常饱和的市场中脱颖而出？你将如何扩展你的业务模式？以及你将如何赚到足够的钱？足以让投资者花时间听你的方案。"

但里克热情洋溢地说："当然，我能回答这个问题，"他接着解释说，医疗保险最近启动了一项提供患者教育的新计划给糖尿病高危人群。他的想法将有助于糖尿病患者获得一些信息，通过这些信息来改善他们遵医嘱的状况，并改善治疗结果。"虽然我们计划从电话和门户网站作为试点开始，但我们希望最终与一家技术平台公司合作，构建具有患者友好用户界面的软件解决方案。"克里斯托弗的搭档打断了他，说："你这不是一个技术解决方案。你提供的服务是无差别的，而且维护成本也很高。"

克里斯托弗也评论说："这是一个非常激进的预测，你刚才告诉我你们的项目是针对高危患者的，所以百分之百的渗透率确实没有意义。"

但里克插嘴说："我们跟五个医疗保健系统已经签署了合同，承诺在头三个月内接纳 16000 名患者，到下个季度，这一数字将增加到 50000 人。我们的商业模式是以订阅为基础的，所以每个病人每个月带来的收入都是有保障的。"

克里斯托弗看了看表，决定结束谈话，他说："我认为，如果你觉得这五个医疗系统将实现 100% 的患者覆盖率，那你就过于自信了。我认为你需要修改你的商业模式和你的数字。在你完善了解决方案和业务模式之后，我们再谈。"

事后，克里斯托弗向我总结道："我认为我们中的任何一个人都不应该在这些人身上浪费更多的时间。那是我见过的最糟糕的一次演讲展示。这里可能有商业想法，但我看不见，我们的团队当然也看不到。我看到的是三名退休的企业高管，他们计划围绕对医生的医疗保险补贴创建一家企业。鉴于该计划是新的，但问题是旧的，因此风险很大。尽管你告

第八章
创新法则八：没有交流就没有创新

诉我的关于与这家软件公司的合作伙伴关系听起来很有希望，但这里没有技术玩法。而且里克说他们没有任何竞争对手是吗？太天真了。"

💡 我们可以从这些错误中学到什么？

让我们来看看里克的投资观点和推销手段出了什么问题。

第一，里克和他的团队不了解他们的观众。你要对风险投资公司在网站上发布的投资文书以及他们投资的公司进行研究，这是基础研究，也是你对潜在投资者进行调查的第一步。而克里斯托弗公司的网站上明确表示了他们只对直接面向消费者的软件解决方案感兴趣。所以里克本应该一开始就讲述他们计划构建的直接面向消费者的技术解决方案。

第二，他们未能成功描述出一个可扩展的商业模式和公司愿景。他们提出的解决方案只是为本地部署设计的最简化可实行产品，在这种情况下，只有参与糖尿病教育报销积分计划的州才有他们的潜在客户。它还受到有医疗保险的糖尿病患者数量的限制。该计划存在风险，因为它很容易被州和医疗保健提供者放弃。他们忽略了如果试点成功，一家大型国家医疗保险公司表示有兴趣成为他们平台的战略投资者，而这项投资本来可以提供他们所需的规模，并减少他们将来对医疗保险的依赖。但是里克未能描述出更大的商业机会来吸引投资者。

第三，团队缺乏可信度。里克和他的团队不是连续创业者，在公司或初创企业中没有记录。这本质上没有错，每个人都需要从某个地方开始，但他们需要分享一些关于他们已经解决的问题和推向市场的新概念的证明。他们还需要对他们所追求的业务领域表现出扎实深刻的理解。他们在职业生涯中曾推出过新产品，但这并不是让他们有能力创办这家新创公司的证明。正如克里斯托弗所指出的，他们是退休的制药公司高管，用看似古老的解决方案来解决一个古老的问题，这不是一个成功的组合。

第四，述标过程缺乏焦点，团队没有做好准备在。在提问环节，当评委以审问方式提问时场面显得混乱。

第五，里克没有遵循10-20-30规则（10张幻灯片，20分钟陈述，30磅字体）。他花了一半以上的时间在背景介绍上，因此没有时间讨论解决方案。如果他能更好地分配时间，他就会有机会进入对技术和医疗保健系统的合作伙伴的介绍。此外，他的幻灯片以红黑相间的配色方案分散了人们的注意力，而且他使用的字体很小，不易阅读。

这样来看，克里斯托弗最终没有给他投资也就不足为奇了。后来里克没有筹集到任何风险投资，六个月后，团队解散。里克最终以非营利组织的身份启动了他的糖尿病计划，该计划由采用他的计划的新泽西州的五个医疗保健系统资助。

第八章
创新法则八：没有交流就没有创新

🔍 做好述标的关键

我们已经了解了当述标出错时会发生什么，以及为什么会出错。现在让我们来看看一个强有力的宣传，一个引人入胜的故事，传达你的商业理念并吸引观众的关键是什么？这里有三个关键。

关键 1：从清晰、有序的愿景开始谈起

应该让投资者对你未来的愿景感到兴奋，并对你的执行能力充满信心，所以你需要展示你独特的洞察力或优势。你需要回答这些问题：为什么这个新产品会改变市场？为什么这会为公司和投资者创造收入？最好的宣传一定说清楚了：为什么要选择这款产品？为什么是现在选择这款产品？为什么是你的这个团队可以取得成功？

关键 2：向投资者展示符合其投资理念的时间范围内的投资回报

对于风险投资人来说，这个时限通常是三到五年。这意味着你要有一个令人信服的商业案例，该案例表明该行业正在增长，并展示了该业务将如何增长以及何时会产生收益并实现盈利。

> 渐进式创新：
> 企业成功转型的八大法则

关键3：在十五到二十分钟内讲述你的故事

展示来自市场和客户研究的数据，以证明你的想法为何比现有的解决方案更好。提供证据，证明你的想法可以被市场采用，并根据这些证据假设定价策略和收入预测。你要准备好一个令人信服的商业案例，举重若轻地回答投资者提出的问题，这比激情发言更有效。

满分的述标是怎样的？

现在，让我们来谈谈演示文稿的细节。最佳的述标幻灯片不应超过十张，这样可以确保你只传达业务计划中每个主要部分的最关键信息，并且在每张幻灯片上只花两分钟陈述，以实现完美的二十分钟述标。

以下是你二十分钟内需要在十张幻灯片中讲述的十个要点。（详细参考附录5中的述标模板）

第1点：一个大问题和一个大市场，表明你的想法解决了一个未被满足的需求领域，也抓住了一个巨大的市场机会。这是你需要大胆、广泛思考的地方，而不是设立一些孤零零的创新前哨的地方。请记住，投资者想投资于已经投入了资金的领域。

第2点：一个明确概述技术的解决方案。这个方案要

第八章
创新法则八：没有交流就没有创新

说明你的技术解决了第一张幻灯片中提出的问题，说明你的技术比竞争对手的更好，而且这是你通过大量客户研究验证过的。

第3点：该技术、其运作方式以及支持它的内容。你申请专利了吗？你有研究来验证该技术有效性吗？

第4点：客户和市场调查，量化客户购买产品的需求和意愿。

第5点：竞争对手，诚实地评估你与竞争对手的差距。创建一个图表，列出客户正在寻找的功能和好处，然后根据这些功能和好处评估你自己和竞争对手，这很有帮助。

第6点：一个战略路线图，表明你将如何准备上市，准备在多长时间内上市，备份中包含有关里程碑和财务拐点的详细信息。

第7点：销售计划——对合作关系、渠道的描述，合作伙伴和销售人员将如何随着时间的推移而增加。

第8点：团队角色和相关经验，包括确保业务成功的相关证书和经验。在这部分中，你应该写上那些能补充团队弱项的顾问，同时还要指出人才方面的不足，因为你可能正在筹集资金来聘用所需的人才。例如，如果团队中没有人有财务经验，你可以聘用一名顾问，直到你聘请到一名兼职或全职首席财务官。

第9点：三年的财务预测，包括你如何获得第一笔收入。

第 10 点：简明地解释为什么在适当的时间和地点你的方案是正确的解决方案。一定要重申投资者将如何赚钱以及何时赚钱。

一位风险投资人在我的哥伦比亚大学风险创作课程中指导学生，他总结了他想在述标中看到的内容："你在寻找痛点以及如何解决这个问题；你将如何赚钱；你如何以低收购成本吸引客户；你将如何管理现金消耗，如何吸引融资。"他对初学者的建议是："从小处着手，进行有意识的实验；使固定成本成为可变成本；管理承诺的性质和时机；随着时间的推移进行融资以保护股权；保持灵活性，为调整做好准备。"

我将关于里克的故事与另一个创新公司筹集资金的例子进行对比，该技术在与风险投资公司的首次融资活动中成功筹集了 1200 万美元资金，在第二次融资活动中成功地筹集了惊人的 1 亿美元资金。

价值 1.12 亿美元的述标：C2i 基因组公司如何达成交易

C2i 基因组公司[①]是一家总部位于纽约的研究机构，该公司提供基于人工智能的基因组软件服务，这项服务可以在遗传

---

① C2i 基因组公司是一家美国肿瘤诊断公司。——译者注

第八章
创新法则八：没有交流就没有创新

层面上强力检测个体癌症患者肿瘤的变化。它比其他诊断工具更敏感，可以测量微小残留病灶（Minimal Residual Disease，MRD）。该方法可用于肿瘤化疗和手术前后的收缩检测。

为什么 C2i 基因组公司能成功融资？该公司有什么优势？

优势 1：能够在大规模的市场中满足未被满足的客户需求

肿瘤基因组学（癌症背后的遗传学）是一个流行领域，也是行业发展的趋势。特别是对于易于应用且可以提供关键信息的人工智能软件模型而言，这是一个增长领域。据估计，到 2027 年，肿瘤基因组学市场的价值将达到 394 亿美元。该公司的技术通过提供对患者肿瘤的早期分析，更好地满足了客户未被满足的需求。

优势 2：经验丰富的团队和知名顾问

C2i 基因组拥有一支信誉良好的执行团队，他们在肿瘤、基因组学和软件开发方面拥有丰富的经验。该公司的首席执行官是初创企业的新手，但他有强大的高管和令人印象深刻的董事会团队，他们都有在医疗保健技术初创企业工作的经验。他们在与客户和投资者的会议上，可以准确而自信地回答有关该领域、技术、应用和定价的任何问题。他们深厚的知识和对其领域和商业环境的了解给了投资者信心。你需要展示给投资人看的，是你对你的材料、你的行业和你的创意都非常了解。

优势3：强有力的价值主张

C2i基因组提供了一个独一无二的技术，该技术可用于一个不断增长的市场中，使医生、患者和医疗保健系统受益，有一个可靠的商业模式。重要的是，该公司的财务模型显示，该业务将在未来三到五年内扩大到全球范围，并产生可观的投资回报。

优势4：基于合理假设的财务预测

C2i基因组团队成员认识到，在最初的两年中，他们将构建和验证自己的技术。他们知道，一旦他们能够获得可以创收的研究合作伙伴关系，他们最快第二年年底就能获得收入；一旦他们获得必要的监管部门批准并将研究合作伙伴转变为付费客户，他们在第三年就能实现赢利。其他同类公司也经历了类似的收入增长，这证明了团队成员的预测是可信的，因此投资者对他们预测的严谨和准确表示赞赏。

优势5：遵循了10-20-30的规则

C2i基因组的述标严格遵循了这个公式。这种方法的另一个优点是，它为问答留出了大量的时间。由于该技术背后学科的复杂性，简化技术性更强的幻灯片上的信息并不容易，

第八章
创新法则八：没有交流就没有创新

但该公司使用图表来展示其研究结果，并将他们的结果与竞争对手的结果进行比较，以强调研究结果的相关性，从而获得了投资者对数据和竞争评估的积极反馈。

优势 6：团队已经做好了准备

C2i 基因组的述标人明白，这个演讲可以影响公司的未来。他们进行了排练并完善了演示文稿，使其听起来流畅而富有对话性，并且不僵硬。团队参与者的演讲让人听起来像是他们已经准备好参与一场富有成效的对话，表现出他们对合作的渴望。这就是潜在投资者喜欢听到的。

资金来源

所有这些准备和排练的最终目的当然是为了筹集资金。让我们梳理一下各种资金来源，以启发你的新想法。

对于创始人（也许就是你，将新想法或商业概念推向市场的创新者）来说，筹集资金的基本原则是让投资者尽可能长时间地持有你公司的股权，这样你就可以随着时间的推移增加公司的价值，从而增加你在投资回报中的份额。创始人还应该了解筹集资金所需的时间，并做好相应的准备。第一轮融资的支票存入银行后，C2i 基因组就开始计划第二轮融资。因为筹集资金常常需要六个月或更长时间，如果等待太久才开始，这可能会损害公司的生存能力。资金短缺会让人逐渐变得绝望，甚至最后可能做出错误的决定。

自己投资

你最好通过自己投资一部分资金来创办一家公司，当然这还不足以让你的房屋获得第二笔抵押贷款，但足以让你获得即时股权并向投资者展示你在竞争中占有一席之地。自己投资的话没有规定一定要投多少，我见过投资1000美元来开始创业的，也有投资了100万美元的。这取决于业务、舞台和你的个人财务状况。

朋友和家人

接下来，你可以询问朋友和家人，看他们是否有与你一起投资的兴趣。正如你在上一章中看到的那样，莎拉在推出后来成为"健康斗士"的产品时成功地做到了这一点。她从几个值得信赖的朋友开始，其中包括一位曾在消防站与她并肩作战的朋友，他们支持这种新健身产品的理念，而且莎拉的一位叔叔一直鼓励她创业，并说当正确的想法出现时，他愿意支持她。这是一个正确的思路，莎拉从她的朋友和家人圈子里找到了正确的人来帮助她摆脱困境。

第八章
创新法则八：没有交流就没有创新

朋友和家人通常会投入少量的启动资金来帮助你进行市场研究、设计和运营最简化可实行产品，并聘请顾问来帮助他进行下一阶段的业务规划。你可以将他们的投资转换为股票或债务，以便在公司达到财务里程碑（例如创收或获得其他形式的投资）后偿还。

但还是要谨慎一点：即使有这些适度的门槛，我也建议只对那些擅长投资并且有能力承受损失的人借钱。第一次使用创新产品或新业务失败已经够难了（尽管很常见），你不必随之失去与亲密朋友或亲人的关系。

众筹

在互联网时代，几乎任何想法都能以应用程序的形式推出，任何拥有银行账户和计算机的人都可以获得资金。尽管众筹已经存在了几个世纪，但自21世纪前十年进入自筹资金领域以来，Kickstarter[①]、Indiegogo[②]和Wefunder[③]等基于平台的网站已经获得了相当大的欢迎。这些众筹平台起初规模很小，

[①] Kickstarter：2009年成立于美国纽约，是一个专为具有创意方案的企业筹资的众筹平台。——译者注
[②] Indiegogo：成立于2008年，总部位于旧金山，是美国最早的众筹平台之一。——译者注
[③] Wefunder：美国一家在线债权和股权众筹平台。——译者注

> **渐进式创新：**
> 企业成功转型的八大法则

寻求资金的人利用这些网站为巡回演唱会、医疗程序和艺术品展览等创意项目筹集资金（你将在本章的"创新者聚焦"部分了解一位这样的艺术家）。现在，这些平台已经发展成为大型公司筹集资金的合法来源地。

2019 年，派美特（PaMu Slide）耳机等产品筹集了 5149 万美元的资金；2020 年，可折叠电动自行车 MATE X 筹集了 1780 万美元的资金。根据统计网站在 2021 年 8 月发布的一份报告，到 2027 年，全球众筹市场规模预计将达到 258 亿美元，其中最大的市场在北美和亚洲地区。众筹网站通常采用几种不同的模式，以满足寻求融资的项目的需求。最引人注目的资金类型是基于奖励（您可以赚取积分来消费产品）、股权（股票）和数字货币。资金可以是区块链数字货币，有利息的债务和捐赠。Kickstarter、Indiegogo 和 Wefunder 之所以吸引投资者，是因为它们可以降低通过咨询公司寻求投资机会的搜索和交易成本。尽管众筹平台无法提供风险投资人或天使投资所能提供的大量资本，但对于具有创新想法的新兴公司来说，众筹平台是一个可行的融资来源，而这些公司大多只需要几千美元就可以开始创业。

天使投资

种子资金或启动资金的最佳来源是天使投资。"天使"一

第八章
创新法则八：没有交流就没有创新

词可以追溯到 1978 年，当时新罕布什尔大学教授、风险研究中心创始人威廉·韦策尔（William Wetzel）完成了一项关于企业家如何在美国筹集种子资本的研究。他用"天使"一词来形容成功的富裕企业家和想要投资早期创意的高管。这个词在美国百老汇也被用来形容那些支持他们敬佩的制片人和导演的新节目的富人。

与朋友、家人和众筹资金来源不同，"天使"被认为是合格的投资者。要成为天使投资人，必须履行美国证券交易委员会的要求，他们需要拥有 100 万美元或以上的净资产。这些投资者可以是白手起家的百万富翁，他们自己赚钱，拥有丰富的商业和金融专业知识，他们可能四十多岁或五十多岁，是一个受过良好教育的群体，几乎所有人都取得了四年制大学学位。

正如"健康斗士"创始人莎拉展示的那样，美国广播公司的热门节目《创智赢家》尽管是一档真人秀节目，但它是一个真正的天使投资集团。

强大的企业基于强大的人才和有效的合作伙伴。同样，成功的投资者必须与支撑其业务的伙伴建立良好的关系。伙伴关系需要时间来培养，因为它必须建立在相互信任和共同的价值观之上。天使投资是个人的，因为与风险投资人、私募股权和投资银行家不同，这些人将自己的资金投资于高风险的项目。如果要走天使投资这条路，你应该计划花

179

大约六个月的时间培养与投资者的关系。除非你真的花时间和投资人在一起讨论业务，在午餐和晚餐时开会以进一步了解彼此，否则你无法得到你需要了解的关于潜在投资者关系的信息。

天使投资人的标准

根据《创造新企业》（New Venture Creation）中的说法，典型的天使投资人一般在一家新企业中投入1万~25万美元的资金，其投资范围非常广泛。他们正在寻找一些特定的标准：

- 资本要求在5万~50万美元的企业
- 五到十年内销售潜力在200万~2000万美元的企业
- 销售额和利润每年增长10%~20%的企业

如果你的业务或产品不符合这些要求，那并不意味着你就拿不到天使投资。每位天使投资人可能都有自己的标准。请记住，与朋友、家人和众筹资金来源不同，这些投资者给一家公司的通常不仅仅是资本。他们提供的专业知识和庞大的关系网络，以及天使投资人的经验，这些对一家年轻公司来说是无价的。

第八章
创新法则八：没有交流就没有创新

💡 为你的创新选择合适的投资者

你应该将筹集资金视为一个多步骤的过程。在第一轮融资中，你需要根据投资者向未来投资者敞开大门的能力来选择投资者。天使通常会参与天使投资俱乐部或团体，以创建一个比他们自己能力更大的投资池。他们还会分享那些向他们寻求投资的创业者的情报。找到这些非正式的投资人并不总是那么容易，但你可以通过天使资本协会、天使投资网络和投资者数据库来寻找天使投资人。

当你联系天使投资人安排会议时，请准备好你的创意执行摘要。可以把它想象成我们之前讨论过的漂亮、简洁的述标幻灯片的更精简版本。执行摘要（样本可以在附录四中找到）是一页纸或几张幻灯片的叙述，它用简单的术语描述市场机会、你的价值主张、企业将如何赚钱、你的团队资质以及如何让投资者赚到钱。当下一批投资者（通常是风险投资人）获得财务回报时，天使投资人有机会退出并获得财务回报，这在公司资金中可能占有很大份额。我们将在下一章中讨论天使投资人退出的问题，明确自己的目标对你和投资者都至关重要。例如，你想与大型战略收购者合作并与其合并吗？你想进行首次公开募股然后将公司上市吗？你打算在三到五年或更长时间后退出吗？

你可以期望在六个月内与天使投资人或风险投资人一起

> **渐进式创新：**
> 企业成功转型的八大法则

筹集资金。让我们来看看下一个层次的资本——风险投资。（见表 8-1 风险投资者：基础知识）

风险资本

风险一词暗示这种资本带有一定程度的风险。风险投资行业向具有高增长潜力的企业家提供资本和其他资源，以期获得较高的投资回报率。尽管风险投资的根源可以追溯到 18 世纪 20 年代和 18 世纪 30 年代的富裕家庭，但大多数行业观察家将当时的波士顿联邦储备银行行长（后来是佛蒙特州的美国参议员）拉尔夫·佛兰德斯（Ralph E. Flanders）的投资归功为第一种形式的风险投资。1946 年，他创立了美国研发公司，该公司为波士顿地区快速增长的新公司提供风险资本。事实上，一些人认为该公司向一些公司提供了初始资金，这些公司最终组成了波士顿著名的 128 号公路高科技产业带，成为数字创新的早期温床。

表 8-1 风险投资者：基础知识

你应该知道什么	他们在找什么
● 风险投资公司以有限合伙人或有限责任公司的形式组织，是第三方（例如大学、公司和养老基金）的集合投资工具	● 创业经验丰富的团队（连续创业者）

第八章
创新法则八：没有交流就没有创新

续表

你应该知道什么	他们在找什么
• 当一项投资对资本市场或银行贷款来说风险太大时，风险投资是一个不错的选择	• 增长率高的大型市场，客户的需求显而易见
• 风险投资人通过管理费（占基金的 1%~2%）和套利（向投资者付款后剩余金额的 20%~30%）来赚钱	• 具有极大改进和高进入门槛的出色产品
• 他们经营的公司投资组合旨在最大限度地提高投资者的回报 • 他们专注于通过收购或首次公开募股退出	• 比如其他人投资的"热门"领域 • 评估风险：上行和下行潜力和市场、技术、时机的权衡
• 他们投资于他们有经验、人脉和其他人正在投资的地方	• 预期增长率（寻求三到七倍于投资的）
• 他们喜欢创新、可靠的技术；强劲的市场和优秀的团队	• 年龄及发展阶段（从早期的 A 轮到后期的 C 轮）
• 风险投资人擅长降低风险（他们的风险，不是你的风险！）。一笔典型的交易将给予风险投资公司 51% 的公司股权。风险投资被认为是最昂贵的资金类型	• 所需资本金额（通常他们为特定类型的投资募集资金，例如数字医疗或绿色能源，并寻找那些在该领域需要一定资金的公司） • 创始人的目标是成长、控制、流动性和收获。创始人在退出时想带走多少钱，何时以及如何执行退出 • 符合投资者的目标和战略 • 当时的资本市场。市场是好还是坏 • 手续费——通常为 3% 的管理费

183

20世纪80年代，该行业经历了期待已久的井喷式增长，当时哈佛大学、哥伦比亚大学、耶鲁大学和斯坦福大学等学术机构建立了将一部分捐赠基金投资于高风险、高回报的研究项目的机制。风险投资行业认为，风险资本是从学术界催生技术并进一步开发技术的好方法。一个著名的例子是"阿克塞尔（Axel）专利"。它们以诺贝尔奖获得者、哥伦比亚大学教授理查德·阿克塞尔（Richard Axel）的名字命名，最初于1983年发行，旨在保护微生物学家阿克塞尔在18世纪70年代开发的"共同转型"（co-transformation）技术。（见表8-2 风险投资者的选择标准）

表8-2 风险投资者的选择标准

标准	适配	不适配
资金	• 可以提供充足的资金来实现与投资回合相关的所有里程碑	• 可以提供部分资本，要求你寻找另一位风险投资人或其他投资者来满足您需求的筹资目标
一致的利益和专业知识	• 了解你的行业、业务阶段，以及相关的挑战和机遇 • 有相关经验（或获得经验）以增加成功的可能性和产品打入新兴市场的能力 • 真正的合作伙伴——投资于支持你的整体业务（而不是仅对业务的某个组成部分感兴趣，例如仅限知识产权）	• 对这个行业来说是个新手，不能充分理解挑战或机会，并单纯地将成功与财务指标联系在一起

第八章
创新法则八：没有交流就没有创新

续表

标准	适配	不适配
声誉	● 公平、公正地对待被投资公司	● 不公平地对待被投资公司
业绩	● 有成功的交易记录 ● 投资组合公司通过与风险投资公司的合作而受益	● 有过掠夺性行为记录
控制	● 寻求以公平、可接受的估值投资	● 寻求对公司的过度控制

这项专利技术使用基因工程细胞生产用于许多药物的蛋白质。事实证明，该专利在哥伦比亚大学受到保护的十七年中，它为哥伦比亚带来了巨大的利润，为该行业创造了6亿美元的特许使用费收入，使用这项技术制造的药品为该行业创造了超过600亿美元的收入。哥伦比亚大学的成功引起了其他设立技术转移办公室的知名大学的注意，这一制度将新技术从教授的实验室推向了市场。

到2000年，风险投资行业已经蒸蒸日上。根据《创造新企业》的数据，仅在美国就有700家风险投资公司向1729家公司投资了39.4亿美元。随着时间的推移，尤其是在互联网狂潮期间，个人风险投资基金的规模已增长到超过5亿美元，平均交易规模逐渐达到2000万美元、4000万美元甚至8000万美元。如今，许多风险投资人专注于技术和数字领域，尤其是在医疗保健、能源和农业领域。风险投资现在就像一家全球企业，其基金分布在德国、法国以及中国、越南、印度

> 渐进式创新：
> 企业成功转型的八大法则

和拉丁美洲等国家和地区。

使用这个清单来做功课

筹集资金需要六个月的时间是有原因的。你需要利用这段时间来调查风险投资人。以下清单将帮助你入门。

步骤1：研究并创建一份你想要的风险投资人的简短名单

标书网（Pitchbook.com）是风险投资人的最佳信息来源之一。有了他们的名字后，访问他们的个人网站，然后在网络平台上查看。

步骤2：通过网络查阅个人介绍

一旦你挑选出一家公司，看看管理合伙人的简历，了解他们的个人资料，并确定你的社交网络中是否有可以帮助你认识他的中间人。

步骤3：果断说"不"

你不想浪费你的时间，风险投资也不想，所以要在风险投资的投资标准和你的要求之间寻找匹配项。如果二者不一致，那就继续寻找，但要与他保持良好的关系。

第八章
创新法则八：没有交流就没有创新

💡 企业家应该问的问题

风险投资人对其有限合伙人负有巨大的信托责任，在为公司和自己赚钱方面也符合自身利益。请记住，他们平均每年会看到 250 个新想法，并且可能只投资其中的两三个，也就是 1%，这也是公司创始人通常面临的获得他们投资的成功率问题。

如果你期望风险投资人尽职尽责，并想要尽可能多地了解他们对你的行业、技术和团队的看法。你可以问以下问题：

- 您如何看待我们的战略和竞争？我们错过了什么？
- 我们忽略了任何竞争对手吗？关于我们的竞争力您有什么建议？
- 对我们抓住机遇的商业计划您有何想法？
- 在团队经验方面，根据您到目前为止从我们身上看到的，您对我们的团队有信心吗？

💡 可以考虑的其他类型投资

- 学术医疗中心技术转让。如果你与哥伦比亚大学等学术研究机构有联系，你可以与其技术转让办公室合作，以确定你的技术在商业上是否可行并能吸引投资者。技术转让办公室配备了专利律师和技术专家，他们与投资者网络合作。

这可能是开拓商业市场的理想方式，特别是如果你是初学者。

● 基金会补助。尽管项目竞争非常激烈，但基金会提供的补助金是不必偿还的。对于需要开展项目研究以支持其主张的初创企业来说，这可以成为一个很好的资金来源。作为补助金的交换，你可能需要准备一份报告，讨论你用基金会补助金资助的项目的成果，或者在基金会选择的同行评审期刊上发表论文。

● 政府赞助。联邦和州计划可以提供创新基金和税收激励计划，以鼓励新技术的发展或新企业的启动。这类资金是非稀释性的，因为它们是赠款，不必偿还，因此通常被视为"免费"形式的资本。当你开始执行关键项目时，它们可以帮助你——例如，验证你的技术的研究。然而，由于这类赞助计划周期的原因，这些补助金可能需要长达两年的时间才能获得，因此，如果你需要快速获得资金，它们不是一个好选择。

最后一句：你永远不知道资金从何而来

一方面，你可以从前文中介绍的那些渠道获得投资。另一方面，在过去几年中出现了更多的非正式和草根的融资形式。能否通过像"去资助我吧"（GoFundMe）这样的众筹网站推出成功的创新呢？当然可以，尽管这些项目通常规模较小，需要的资金较少，而且通常专注于社会事业。但是，正如我们在本章的创新者聚焦所证明的那样，它们与社交媒体一起可以成为一个有效的、但高度非正式的资金网络，为一种新的商业模式提供资金。

创新者聚焦

"流浪者"丹·纳瓦罗（"Nomad" Dan Navarro）
作曲家、录音艺术家、歌手、声音艺术的倡导者。

在音乐家丹·纳瓦罗的荣誉清单中，你会发现他的歌曲曾在全美广播电台播放，并由帕特·贝纳塔尔（Pat Benatar）、诱惑乐队（The Temptations）、手镯乐队（The Bangles）、狄昂·华薇克（Dionne Warwick）、戴夫·埃德蒙兹（Dave Edmunds）和奥斯汀乡村音乐"匪徒"拉斯蒂·韦尔（Rusty Weir）等流行名人录制。

纳瓦罗在新冠疫情期间展示了他的商业创造力，当时各种表演者都无法谋生，因为剧院、音乐会场地，甚至路边的小店都无法进行现场音乐和其他任何演出。

当停工的命令生效之前，纳瓦罗经常巡回演出。"我在想我该怎么办？"他说。这位六十八岁的音乐家决定直播一首专为"疫情居家隔离"而写的新歌——《我想我明天见》，并向 21000 名社交媒体上的粉丝现场播放。"我说，嗨，伙计们，看来我们会被困在家里待一阵子，而我只想为你演奏。"

这场脸书（Facebook）①上的一次性直播节目的播出频率变成了每周六次，并被更名为"来自电晕区的歌曲"。这是一个疫情时期的单人社交媒体节目，丹在其中演奏并谈论了他在音乐界的生活。观众的反应使他确信他需要重新上路。2021 年初，在接种疫苗后，他以他的新绰号"游牧丹"（NomadDan）开始穿越全国的自驾旅行。

他说："我想我可以全程直播。就像我现在在内布拉斯加州的奥加拉拉，我要为你演奏几首歌。我们来谈谈。我有音乐会的时间表，但我不知道是否会被取消。"

这次巡回演出的混合方式和流畅的即兴创作性质，与过去精心策划的结构化的摇滚巡回演出截然不同，这吸引了丹，显然也吸引了他的观众。

听众开始寄钱给他，这真是令人惊讶，因为"游牧丹"巡回演出并不以赢利为目的。丹说："我的直播相当不错。"没有其他乐队成员，没有旅社，也没有酒店，他知道他的花费会很低。"所以，我故意不用它赢利，"他说。

但是他的粉丝还有其他想法。随着"游牧丹"巡回演出

---

① Facebook：一款聊天软件，主要创始人马克·扎克伯格（Mark Zuckerberg）。现改名为 Meta。

第八章
创新法则八：没有交流就没有创新

的变化，他最终将在六个月内在二十一个州进行大约五十场公开演出，他从非营利组织的朋友那里听到的一句格言得到了证实。"他们曾经告诉我，'如果你要钱，你就会得到帮助。如果你寻求帮助，你就会得到钱。'"这正是他的粉丝们所做的。他们给他寄钱。即使丹没有要求。"芝加哥的一个粉丝每月寄给我 200 美元。"他说。这些粉丝不认为"游牧丹"是一家慈善机构，为他们提供免费演出，他们正在为丹在"非常困难的时期为他们提供的服务"付费。在阅读他收到的一些评论时，你能看到"你在拯救我""我们整天都在等这个节目""这对我们来说已成为一种习惯"这样一些评论。

经验教训

在做了几十年成功的艺术家之后，丹觉得自己已经掌握了一个关于商业的真理，这适用于所有的企业家，而不仅仅是那些以弹吉他为生的企业家。他说："当你试图思考事情的发展方向、预测公众的行为时，你可能会错过。这就像用手抓鱼，总是落后一步。但是，当你感受到它，用你内心的感觉去判断什么是伟大的、什么是你想要的，并将智慧、敏感和无畏应用于它的执行和营销时，你最终就会成为一个典范。"

创新者启示

"我叔叔从事广告业，我从他那里学到了很多关于商业和营销的知识。他曾经告诉我：'如果你不是时不时地就碰上一些麻烦事，你就没法承担足够的商业风险。'"这句话一直留在我的脑海中。

"成功有三个要素：天赋、毅力和运气。你最不需要的是天赋，最需要的是坚持不懈，这就是你创造运气的方式。"

第九章

及时止损：管理你的创新，如有必要，继续前进

第九章
及时止损：管理你的创新，如有必要，继续前进

我父亲在 20 世纪 60 年代创建了他的化学品制造和分销公司，当时，他希望公司能向市场提供差异化产品，并为家庭创造财富。"我想把我的想法付诸实践，创建公司，为后代留下遗产。"他告诉妻子和孩子。他曾购买了一个化学式的知识产权，这个知识产权后来成了他生意的支柱。建立家族企业是父亲的动力，为此他创办了一家经得起时间考验的地区性公司，一家拥有强大供应商和客户关系的企业。父亲追求协同效应，他根据客户的反馈和市场需求开发新产品。他将每一次成功都归结于他的创新思维以及财务和战略目标。当他准备退休并寻找新乐子的时候，他问我的丈夫（一位经验丰富的工业电器销售主管）是否有兴趣以现金收购公司，分期支付，并许诺在过渡的第一年，会继续参与公司的经营。

那一年八月的一天，我和丈夫同意收购父亲的公司。虽然这些年来生意发生了变化，但我丈夫现在仍在管理它。那些牢固的关系和我父亲以前制定的战略使公司在过去的五十五年里得以生存。

并不是所有成功的创新者都有和我爸爸一样的目标。许多人对留下遗产或永久经营业务不感兴趣，他们对出售或许

可感兴趣，或者他们可能想把业务发展到一定程度，然后套现。对许多创新者来说，这两种情况都很常见。

想象它、建造它、出售它，然后继续下一个想法。

创新者可以设计产品，甚至公司，以满足战略合作伙伴的需求，使他们最终投资或收购公司。

所有这些都是值得追寻的目标。你的目标是什么？你的最终目标是什么？你有没有想得那么远？我知道你有很多工作要做，在前文中，我已经为你规划了创新过程的各个步骤和阶段。在本章中，我将为你提供更多的建议，关于如何确保早期公司的成功，并提高你的业务顺利发展到下一阶段的可能性，帮助你打造一个家族企业或成功的销售型企业，等等。

这是一个必须做出的正确决定，希望你能清醒地发现自己的处境。

现在，让我们再回顾一些可以帮助你做出正确决定的东西。不管你的最终目标是什么，让我们看看成功经营一家早期公司需要什么。

成功的任务执行从正确的团队开始

一旦你与利益相关者和客户一起探讨了你的创新性想法，并制订了新计划，你就准备好将你的产品推向市场了。是执行计划的时候了！这时候你需要能帮你成功执行计划的人。

第九章

及时止损：管理你的创新，如有必要，继续前进

我目睹了许多创新者因为缺乏一个好的执行团队，在将新产品推向市场时十分吃力。毕竟，设计概念性的规划是一回事，实现它们是另一回事。

聘用合适的人才首先要根据你的商业模式和增长计划，评估公司的需求。从典型的初创企业到成熟的大公司，研发新产品都需要人才，但在这里，我们不需要强调复杂的等级关系。对于一个初创企业，最有效的做法可能是为你的组织配备两到三名具有丰富管理和运营经验的高级领导人，他们可以身兼数职并执行多种类型的任务。例如，首席执行官也可以担任董事会主席，指挥战略性行动，代表公司与投资者、客户和其他关键的外部利益相关者洽谈，并处理日常运营事务。首席财务官是与投资者的重要沟通者，但也需要做好财务预测，在制订战略中发挥作用，管理现金，监督运营（包括行政职能、合同管理、薪酬规划，甚至人力资源管理）。出于这个原因，你可以聘用一个同时扮演首席运营官角色的首席财务官。通常这些角色被称为首席财务官或首席运营官。你还需要一个首席业务官或业务发展总监来专注于维护合作伙伴关系和业务发展、营销和销售的早期阶段。随着公司的发展，销售和市场营销人员可以直接向首席执行官报告，以确保他们的行动与公司战略保持一致。如果你的业务依赖于研发和持续的产品创新，那么你还需要一个研发负责人来管理产品开发，一个产品经理来处理产品的各个方面事宜：从

> **渐进式创新：**
> 企业成功转型的八大法则

产品路线图规划到市场评估，再到客户参与定价、销售和营销，这个人就是产品的迷你首席执行官。如果你决定赋予这些高级领导人在公司中的信托责任，让他们对财务业绩负责，并在投资事务和董事会席位上有投票权，那么你就要授予他们公司的高级管理（例如，首席业务官）头衔，高级管理人员在公司中拥有与其职责相称的权力。虽然你可能想从三个关键角色开始：首席执行官、首席财务官（首席运营官）和负责研发的首席技术官，但在公司发展的过程中，有时你也可以聘请承包商和顾问来填补这些位置。

而对于个体创业者，或那些对小型企业有创新想法的人来说，这些位置可能部分由优秀的分包商、不图钱且尽心尽力的志愿者来填补。

连续创业的生物技术企业家、哥伦比亚商学院校友劳伦斯·布伦伯格，我们在第七章中提到过他，他使用了虚拟模式为他的一家初创企业配备人员。在最初的两年半时间里，他是公司唯一的员工兼首席执行官，他将其他职位全部外包。

"我聘用各个领域中最好的承包商，以获得临床开发、监管和法律方面重要的专业知识，"他解释道，"在公司早期发展中，对我们来说，这是一种很高效、很划算的运营方式。"

通常，初创企业的创始人会遇到如何找到优秀人才的问题，无论是承包商还是全职人才。这是一个重要的问题，首席执行官要花费大量时间和精力去识别和招聘合适的人才。

第九章
及时止损：管理你的创新，如有必要，继续前进

虽然这听起来很明显，但我建议你从自己的人际关系网开始，然后进行扩展。以我的个人经验为例，我共同创立或加入的所有初创企业都源于我自己在工业界的关系。当我们分子诊断公司的联合创始人在寻找首席执行官时，一位与我共事过并了解我背景的同事把劳伦斯·布伦伯格介绍给了我。信任往往是初创企业所缺乏的，所以我在另一家初创企业担任领导时（在创业加速器里做指导），花了很多时间建立信任。为了节省精力，你可以使用高质量的人脉关系，你认识和信任的人会给你推荐靠谱的优秀人才。

你也可以使用网络资源来联系人才或请求推荐。招聘网站都有招聘人员的功能，虽然它的成本要高一点，但它可以让你接触符合你要求的人。所需人才的其他来源也可以是企业孵化器和专业协会。例如，哥伦比亚商学院、纽约大学、费城大学科学中心和科技明星奥斯汀加速器（Techstars Austin Accelerators）都为初创企业运营加速器项目。初创企业的首席执行官可以根据这些人的职能专长和行业知识与公司的匹配程度，从中选择导师和教练。这是一种很好的寻找人才的方式，它可以帮助你组建顾问团，找项目顾问，甚至运营项目、公司，筹款，帮你找到制定战略和策划营销方面的高级专业人才。

最后，你可以通过招聘机构的服务来吸引优秀的人才，这些机构专门寻找高管或管理级别的专业人员。这些公司要

199

么接受应急服务，要么接受预付金。这些公司有专门的聘用合同，最适合招聘难以招到的高级人才。还有一些公司采用的是应急模式，这意味着他们接受识别人才的风险，只有当你最终聘用了他们推荐的人才时，你才需要付钱给他们。其中一些公司专门服务初创企业，其预算与初创企业的财务状况保持一致。还有一些人或机构用工作换取对方公司的股权或债务，并调整他们的费率和支付条件。要找到这些类型的公司，你可以通过风险投资和天使投资者协会查询，这些协会通常会列出针对早期创新者的服务提供商，如人才招聘机构、律师事务所和会计师事务所。你的需求可能会因你是在种子期还是已经进行第三轮融资而不同，这些公司可以和你一起成长。

最大的问题是：应该给新团队多少报酬

下一个要问的问题是，该付给团队多少报酬？怎样才能向一个在企业界工作过或可能有较高工资期望的高级领导者提供有竞争力的报酬？首先，对初创企业感兴趣的人应该会意识到自己的工作和薪酬会有所不同。我最开始在一家初创企业担任首席执行官时，遭遇了减薪，但作为补偿我得到了一个好的股权职位。我知道只要我们获得成功，股权能得到更长久的回报，这正是我努力工作的动力。因此，初创企业

第九章
及时止损：管理你的创新，如有必要，继续前进

的激励机制和标准与成熟企业以及成长型公司的是非常不同的。因此，请确保你和你招聘的人都清楚公司的情况。一些企业高管觉得初创企业的世界很有吸引力，但当他们更多地了解该组织缺乏结构、需要身兼数职，再加上激励机制不同，他们中的许多人就会发现他们无法过渡。

我建议初创企业和处于早期阶段的公司向专业人力资源咨询公司寻求薪酬建议。这些公司专门从事关于薪酬的市场研究，帮助公司制订人才计划，包括薪酬模式，甚至可以在董事会的治理模式和薪酬方面提供帮助。花几个小时的时间来评估你公司的情况和需求是值得的。在你第一次招聘员工和筹划薪资时，这些专家可以帮助你避免一些常见的错误。我见过的最大错误是提供了太低的工资和太多的股权。这里的矛盾是，你认为对于新员工而言，现金没有股权好，股权是一种长期激励，但事实上员工需要现金。此外，你可能放弃了太多的公司股权，而牺牲了你想给予股权的其他人，包括你自己。人力资源专家可以根据你公司的增长目标和财务目标帮助你制订中期计划。他们可以确保你能吸引到优秀的人才，但同时也不会因为你所建立的薪酬模式而使公司处于危险之中。他们还可以帮助你确定职位描述、工作目标、关键绩效指标以及规划培训计划和管理系统。

除了全面的人才规划和管理之外，你还需要一个根据你的规模和增长目标，使用恰当的工具来运营公司的管理系统。

> **渐进式创新：**
> 企业成功转型的八大法则

显然，一个非常小的公司可以直接内部处理这些问题，甚至不需要这些管理组件，但随着公司规模的扩大，一定要确保流程和技术能够支持不断增长的业务。管理系统包括如何完成工作、如何管理资源和预算以及如何按时运行项目的标准。除此之外，你还需要一个管理客户和利益相关者的系统。

软件营销部队（Salesforce）之类的工具在管理和跟踪联系人、活动和下一步工作方面非常受欢迎，特别是在公司中有人要与客户、投资者和渠道合作伙伴进行交流的情况下。虽然软件营销部队对初创企业来说可能是一笔巨大的投资，但你能因此获得低成本的精细的关系管理系统。如果你不想花太多钱在这个系统上，至少你可以从电子表格和一个可以每周为你管理和跟踪的业务开发的分析师开始。

你的管理系统还将包括为你创建理想的任务执行流程、管理和存储关键文档，甚至开发标准操作程序以及为员工提供培训。如果你正在处理数据库中的客户信息或与敏感数据进行交互，那么培训可能包括信息安全。此外，还有关于遵守有关歧视的法律的培训。当然，还有如何在你的公司工作的培训。

你需要确定你将在公司中使用的技术——从电子邮件和消息系统到用于管理薪资计划、工资单、保险的人力资源工具，以及用于客户互动和参与的网站。你需要有人帮你监督这些信息技术，这一点你可以寻求顾问或机构的帮助。

知识管理系统是创造学习文化和鼓励持续过程改进的重

第九章
及时止损：管理你的创新，如有必要，继续前进

要手段。从经验中学习至关重要，你可以将这些知识分享给员工，并在业务中灌输给他们。这是正确的开启方式，它可以确保你创建想要的管理系统和文化。

从史蒂芬·柯维开始

成功的公司如何为所有者和股东规划一条通往增长和持续创造价值的道路？你想使你的公司持续经营，还是形成战略合作伙伴关系或进行其他类型的合并或收购？1989年，作家史蒂芬·柯维（Stephen Covey）的《高效能人士的七个习惯》（*The Seven Habits of Highly Effective People*）在书店里掀起了热销大潮。有关这本书的研讨会多如牛毛，就连我当时工作的美国国立卫生研究院（NIH）也为此举办了为期两天的研讨会，让政府工作人员接受柯维绩效管理方法的培训。这本书中最重要的一章"以终为始——自我领导的原则"，柯维以一个活动开始这一章，让你想象在你的葬礼上，你的朋友、家人和同事对你的评价。这引起了很多人的关注，也是让人们思考未来目标的有效方法。

这个比喻——以终为始，非常适合筹划初创企业的阶段。重要的是要问问自己，首先，我的目标是什么？我的出路或成果是什么样子的？你不可能永远工作，你的公司也可能没有你活得久。当你不再管理你的公司时，你需要知道你想用你的公

司、你的创新做点什么。在前文中，我们提到了来自豪达设计的莱斯利·艾斯纳·诺瓦克，她发明了一种专门为患有背部问题的成年人和患有自闭症的儿童设计的椅子。莱斯利从一开始就对她现在成功的生意抱着长远的看法。"在创建豪达时我意识到最重要的问题就是退出策略。"她说，"我是想一直经营这家公司，还是卖掉它，或者在某个时机进行合并？一旦我能很好地回答这些问题，一切就都水到渠成了。"

莱斯利提出了一个重要的观点：知道你的结局。对你正在发展的公司类型有一个愿景，以及在什么时间范围内发展，这对你的战略发展至关重要，并会影响你所有的决策。

缝合贴（ZipStitch）是一种可以在某些类型的手术中取代传统缝合的技术，这项技术的创始人想让一家大型医疗设备制造公司收购他们公司，该公司为广阔的手术缝合市场提供服务。为此，他们研究了收购者，设计了监管批准所需的临床研究，并以符合收购公司商业模式的方式发展了所需的客户关系。然后，在开发过程的早期，他们会见了收购团队的几名成员，以培养他们对该技术的兴趣和投入。当时机成熟时，他们已经为成功的合并做好了准备。

你的退出策略是什么？

退出策略对于成为一个成功的创新者是必不可少的，因

第九章
及时止损：管理你的创新，如有必要，继续前进

为它为多年的辛勤工作提供了巨大回报。我父亲多年来一直在考虑他的退出策略。时至今日，他的企业仍然赢利，而且仍然由他的一名家庭成员经营，这表明他的最终目标战略是合理的。

虽然作为一名创新者，使你的想法变成现实会给你带来精神回报，但财务上的成功会激励你创造新的想法或调整现有的想法。大量收入流提供的安全感也有助于创新者产生更大胆的想法，并在投资中承担更大的风险。这样有助于打破思维定式，鼓励创新产品和服务。亿万富翁埃隆·马斯克如果没有从他第一家商业成功的企业贝宝中获利1.8亿美元的资金，他就无法拓展到太空旅行和电动汽车等新的业务领域。

收益目标

退出是公司进行业务转移，而收益是创始人从公司中提取价值。在评估退出战略是否成功，收益选择是否有效时，有一些因素将连续创业者与失败者区分开来。成功的企业家创造就业和财富，而不仅仅将企业作为一种谋生手段。

想要开启新的商业之旅的人，在退出公司时可以用收益目标来评估他们最终想要实现什么样的结果。收益目标可能是在创业的第三年将公司出售给战略合作伙伴，也可能是在同一窗口期上市。不管怎样，收益目标为企业提供了发展重

点。20世纪80年代中期，计算机软件行业不太景气，创业作家史蒂夫·霍尔姆伯格（Steve Holmberg）调查了100家公司，发现其中80%的公司专注于短期战略。这并不奇怪。当一家公司挣扎着生存，然后业务开始上升时，创始人最想做的事情可能就是计划退出，他们这么做是对的！因为如果直到金融危机来袭，创始人才考虑出售公司，并急着制订退出计划，那他就会面临着公司价值被大幅低估的风险。收益目标只是成功创建退出战略的其中一步，是保持公司的可持续性发展的必要条件。

时机

是否掌握时机可能会导致你从交易中赚20万美元还是2亿美元的区别。2006年，当雅虎的投资者出价10亿美元收购脸书时，马克·扎克伯格拒绝了。当时许多金融分析师说扎克伯格完全是被误导了，他太过乐观，日后肯定会后悔。如今，脸书的价值已超过3000亿美元。21世纪初，百视达视频（Blockbuster Video，一家经营家庭电影和视频游戏租赁服务的美国基础供应商）面对收购网飞（Netflix，全球十大视频网站中唯一收费站点）的机会时拒绝了，最终于2010年申请破产。虽然我现在说这话是"事后诸葛亮"，但这两个例子很好地说明了正确的时机如何决定你从创业中获得多少价值。

第九章
及时止损：管理你的创新，如有必要，继续前进

许多创始人选择退出是出于对严峻的经济衰退或公司内部斗争的恐惧，然而，在计划退出方案时，出于恐惧行事而制订的策略并不可取。相反，提前确定收益目标可以帮助你评估从企业中获利的合适时机。这说起来容易做起来难，需要耐心、外部咨询和现实的期望来找到合适的窗口期。

以下是针对确定收益目标的三个指导方针：

1. **耐心点**。收益目标通常三到五年或七到十年才能达到。

2. **对你公司的价值有一个现实的评估**。管理期望，不要贪婪。

3. **从有良好信誉的专业人士那里获得建议**。至少找三个不同的顾问来指导你的计划。

💡 最常见的退出方式

一个好的公共演说家或百老汇演员知道什么时候走下舞台，创新者应该对退出的时机同样敏感。

这里有几种退出方式可供选择，如管理层收购、合并或收购、首次公开募股。根据风险类型和风险承受能力，这些退出方式对所有者具有不同程度的吸引力。例如，预付现金的收购比股票交易风险低，因为收购公司的股票价格不是任何人都能控制的。

> **渐进式创新：**
> 企业成功转型的八大法则

资本牛

出于某种原因，投资者喜欢拿牛做类比。所以让我们来谈谈"奶牛"为什么符合退出战略的话题。

资本牛不是一种退出，但它是一种选择，所有者不一定是急于退出，但他一定需要大量现金和资本投资新的活动。前面提到的创新者埃隆·马斯克用他当时拥有的各种各样项目的钱投资了他的新企业，如太空探索技术公司（SpaceX）。投资于太空探索技术公司的资金产生资本收益，这些收益可以再投资于其他项目，这些项目又产生了各种各样的收入来源。资本牛还能为存在现金流问题的公司增加流动资金。资本牛不多，但如果有人能利用好它，就能获得巨大的红利。

企业并购与战略联盟

与另一家更大的公司合并是创始人退出并实现财务收益的另一种方式。我的课程使用过的一本参考书叫《创业学：21世纪的企业家精神》（*New Venture Creation: Entrepreneurship for the 21st Century*），作者是斯蒂芬·斯皮内利（Stephen Spinelli, Jr.）和罗伯特·亚当斯（Robert J.Adams, Jr.）。这本书中提供了一个典型的初创企业并购例子：两位拥有个人计算机行业培训项目开发经验的创始人的小公司与另一家公司合

第九章
及时止损：管理你的创新，如有必要，继续前进

并。这些企业家有计算机背景，但缺乏营销技能和管理经验，这使他们第一年的收入甚微，且无法吸引投资。他们与一家年销售额 1500 万美元的公司合并，该公司在管理培训和客户基础方面享有极好的声誉。收购方获得了这家小公司 80% 的股份，并将该公司的收入合并到财务报表中。这家小公司的两位创始人获得了他们公司 20% 的所有权。他们还与新业主签订了雇佣合同。

许多并购以战略联盟的形式开始，创始人可以从对其技术感兴趣的大公司那里吸引急需的资本，并在战略和财务上产生协同效应，最终结果将是被完全收购。

💡 公开发行

首次公开募股可能是许多企业家的梦想，但是能上市的公司是极少数。首次公开募股市场面临的挑战在于它的周期性萧条与繁荣的特质，2000 年，网络泡沫破灭；2020 年尽管新冠疫情肆虐，却被称为有史以来首次公开募股最好的一年。根据《巴伦周刊》[1]的报道，像多达士（DoorDash）、斯诺弗莱克（Snowflake）和爱彼迎这样的公司在 2020 年进行了大规模

---

[1]《巴伦周刊》：英文名 Barrons，隶属于莫多克新闻集团，是一本专业财经周刊。

首次公开募股，其中多达士和爱彼迎各筹集了 30 多亿美元的资金。

尽管成功上市很难，但上市有几个好处。首先，它帮助公司基金快速增长。公开市场提供了获得即时或短期资本的途径，同时也满足了公司的长期融资需求。公司可以利用首次公开募股的收益在现有市场上扩大业务或进入相关市场。创始人和最初的投资者可能会寻求流动资金（以套现），但这受到美国证券交易委员会的限制（该委员会监控上市公司高管、董事和内部人士在公开市场上处置股票的时间和数量）。因此，在首次公开募股之后，创始人可能需要数年时间才能看到流动收益。此外，首次公开募股也对提升品牌知名度和提高公司的市场吸引力产生积极作用。

上市的缺点包括要关注公司的短期利润和业绩，以季度为周期经营业务。此外，由于披露要求，上市公司失去了保密某些信息的能力，还要在公开披露、审计和纳税申报上花钱。对于公众股东，由于存在内幕交易的风险，公司管理层必须小心信息的流动。

管理层收购

如果不想公司落入他人手中，想退出合资企业的所有者也可以选择将其股份出售给现有所有者。这是一个不错的选

第九章
及时止损：管理你的创新，如有必要，继续前进

择。投资银行通常充当这类交易的经纪人。如果买主没有足够的钱直接买进卖方的股票，管理层收购可能会有风险。在这种情况下，双方必须订立一项协议，规定余额如何进行分期支付。付款条件可以参考对方公司的业绩水平，以管理买方的风险。

出售

毫无疑问，出售公司对各方来说都是最好的选择，这样做减轻了股票价格变化的风险，如前所述，股票价格变化可能会使卖方处于不利地位。我父亲就是这样，他退出公司，把公司卖给了我丈夫，不仅把公司留在了家庭内部，还在短时间内得到了现金支付。

最后，谈谈估值

在为投资和退出战略同时做准备时，想想如何回答公司的估值是多少。估值是科学的，一部分是参考同行的基准，还有一部分是对退出潜力的评估。估值也有一定的主观性，会受到趋势、直觉和情感，也就是投资心理的影响。在估值时要综合考虑。我建议你聘请一位专业的顾问，他需要精通影响估值的关键标准，其中包括：

211

● 估值部分基于公司的发展阶段（包括增长、运输产品、产品线延伸）。

● 经济实力影响某一阶段的现行利率。

● 行业现状影响公司的价值。目前，医疗保健、能源和农业是"热门"领域。"热门"领域的公司越是抢手，估值越高。

● 最终价值是基于风险投资对公司的需求及公司的不可替代性。

我父亲明确了他的目标和目的，将他的创新想法转化为一个可以持续几代人的企业。你也需要这么做。正如诺瓦克在豪达设计的实施计划中所展示的那样，你需要从一开始就能清楚地回答一些关键问题：

● 你为什么要创建这家公司，创建成功是什么模样，你想什么时候退出，以什么方式退出？

● 谁依靠你的企业获得成功，谁受益最大？

● 如果事情没有按照你的计划进行，谁会受到影响？

这些问题的答案将指导你如何设计你的企业，你的资金筹集策略，聘用什么样的人才，甚至你如何退出公司。这听起来可能有些不可思议，但事实就是，即使刚刚启动新的想法，精明的创新者已经在考虑如何离开它。

第十章

女性创新者面临哪些独特挑战？原因为何？

第十章
女性创新者面临哪些独特挑战？原因因为何？

现实令人遗憾，只有 5% 的专利由女性持有，只有 25% 的顶级创新企业由女性领导。在《财富》杂志（Fortune）500 强的首席创新官中，女性占比 20%。科学、技术、工程和数学（STEM）领域中的女性代表不足，此外，在这些专业人员中，性别薪酬差距为 16%。女性自主创业的人数约为男性创业人数的一半，由于无法获得资金和其他必要支持，95% 的创业女性在一年内宣告创业失败。

为什么创新对女性如此具有挑战性？或者我们应该换个问题：为什么不鼓励更多的女性成为创新者？女性的贡献是否得到了充分认可？

这一章中，我们发掘那些知名和不知名的女性创新者背后的故事，并探讨为何女性很难申请专利，为其创新筹集资金，或是创办、维持成功的事业。这比你想象的要更为复杂。我的发现基于对小公司和企业中的女性创新者，以及律师、投资者、决策者和其他看到女性创新者在社会中可以发挥宝贵作用的利益相关者们的研究。我们能够有更多作为来缩小差距，鼓励更多的女性创新和创业。

作为一名在男性主导的行业中从事工作的女性，我在这一过程中学到的一些东西，无论对于男性还是女性，都是具有启发和指导意义的。

了不起的俱乐部，杰出的男性和女性

费城联盟多年来一直是美国一个极具知名度的城市俱乐部，它成立于 1862 年，自成立以来，它已发展成为一个专业人士的社交俱乐部，一些该地区商业、教育、技术、保健、政府、宗教、艺术和文化领域的女性代表也成为其会员。

今天，我受邀参加在此举办的天使投资大会——一年一度为费城地区初创企业的首席执行官举办的筹资活动。在这次活动中，我被安排了六场投资者推介活动，也就是他们所称的"快速约会式会议"，每场有十名投资者。每次快速会议我都有十分钟的陈述时间和十分钟的问答时间。

当我浏览 25 名首席执行官与会者的名单时，我发现自己是会上仅有的两名女性之一。我感到荣幸之余，又对缺乏女性参与感到困惑。本不该如此的，于是我想，一定要尽自己的一份力量来改善这一状况。

我回想了我是如何走到今天这一步，能够参加这样的大会。这是我们公司成立短短一年来的一个里程碑。这三个月，我一直在美国东海岸与投资者会面，虽然其中一些会面效果还不错，但没有达成一个协议。我知道这在一定程度上与时机有关——当时是 2010 年，美国仍处于 2008 年房地产业引

第十章
女性创新者面临哪些独特挑战？原因为何？

发的衰退周期中，投资者受到了沉重打击。纳斯达克指数暴跌，风险投资、私人股本和银行业也遭受了重大损失。虽然金融和商界人士在心理上渴望投资、恢复增长，但他们仍有恐惧。此外，我在筹资领域相对是位新人。在美国东海岸，尤其是在费城，投资的圈子早已形成。投资者和连续创业者彼此都很了解，他们在一起工作多年，几乎处于一种循环的模式，这造就了他们多年来成功的秘诀。

最重要的是，虽然我在生物技术领域有良好的信誉和地位，在生命科学组织中担任过高级职务，但我还是第一次进入初创企业领域，这与在大公司中管理一个部门非常不同。我曾在美国国立卫生研究院、宏盟（Omnicom）、百时美施贵宝（Bristol Myers Squibb）和科文斯（Covance）（现在的Labcorp）帮助领导开展过创新项目，但这是我第一次将技术从研究室的工作台带到商业市场。第一次构建和其他初创专业人士的新的关系网、学到经营公司的诀窍，这些都让人兴奋和无法抗拒。

我的初创企业从任何意义上来说都是精干的——团队由五名科学家组成，初始资金来自我的联合创始人，办公室是马里兰州陶森的一栋办公楼里的一个实验室。但我知道，我们有吸引人的价值主张——改善眼疾患者的临床结果，加上令人印象深刻的专利组合、研究和基于科学的技术。

我知道我需要"加入"初创企业群体，以帮助我成功转换角色，进入这个企业家和投资者的新世界，所以我加入了几个设备完善的组织：生物技术创新组织在纽约、新泽西和宾夕法尼亚的分会、新泽西技术委员会、大学城科学中心启动计划，以及女性企业家联盟。其中女性企业家联盟由三名具有科学背景的费城女性企业家成立，其使命是增加科学、技术、工程和数学领域中的女性人数，帮助女性发展和启动初创企业，并推动该地区由女性领导的经济发展。我积极参与了科学、技术、工程和数学领域导师计划和赞助妇女筹资研讨会的委员会。从中我不仅学到了很多关于筹款的知识，也构建了无价的人际关系网。女性企业家联盟的一位成员是费城一家风险投资公司的合伙人，她和我见过面。

"我们更偏向能在三年内上市的数字技术，"她告诉我，"但你的眼科诊断测试可能就需要三到五年。"她给了我一些有用的建议，并把我介绍给了一个她认为更合适的投资者团体。很有意思，我注意到与男性投资者的会面通常有两种情况：六十岁以上的男性都以长辈般的鼓励作为回应，他们承认我们技术的潜力、强大的临床和商业背景，也有一些人主动提出安排我与他们关系网中的其他人会面，并把我介绍给他们认为可以在商业和法律方面帮助我的律师和会计师；年轻的投资者就只是做生意，他们会做笔记，问一些尖锐的问题，然后提供反馈，通常会让我在有更多的临床数据支持我们的产品声明后再来找他们。

第十章
女性创新者面临哪些独特挑战？原因为何？

当投资者问及需要更多数据来支持我们的技术声明时，他们还有一个合理的疑问。"没有资金，怎么获得更多数据？"我心想，这可真是第 22 条军规，让人两难啊。这些反馈促使我申请联邦、州和基金会的研究资助，我知道这需要一年或更久才能获得，但他们可以提供非稀释性（本质上是免费的）资金，因为这些钱不必偿还。至少我可以向投资者表明，我正在寻求各种形式的资金来推进技术发展。因此，当我接到天使投资大会委员会主席的电话，通知我成功入围费城联盟举办的天使投资大会时，我非常激动。

现在回忆起来，印象里我当时的展示很顺利，时间也控制在了展示限定时间的最后几秒，就在我正要做总结陈述时，角落里拿着数字标志的一位女士示意我还有一分钟的时间。"我们公司正在为老年性眼病问题提供一种新的解决方案，我们有可靠的团队、战略合作伙伴承诺，以及快速的盈利途径。我们需要 150 万美元来迈向我们的第一个里程碑，完成临床研究。我希望您能考虑加入我们，和我们一同建立一家改变眼病治疗方式的公司，为许多受失明威胁的人带来希望。"观众为我鼓掌，还有人举起了双手。

伯尼（Bernie）是一位备受尊敬、积极活跃的天使投资人，他请我介绍更多关于研究设计和统计计划的信息。

当地一家风险投资公司的保罗（Paul）先生想知道我们是否和美国食品和药物监督管理局谈过公司的技术，一位我不认识的中东老先生向我询问了我们收集样本的病人来源。

其他几场推介活动也是相似的,虽然有一位来自国家风投的投资者一直在质疑我们科学上的有效性。他问了一些关于我们专利方面的问题,似乎已经知道了很多关于我们专利申请的事情。我很好奇,他是否在出资支持某一拳头产品[①],后来我发现的确是那样。在投资者推介期间,他一直对我和我的展示不屑一顾。这些类型的论坛是为企业家分享非机密信息而设计的。我很满意我没有在问答中详细介绍我们的知识产权战略和临床发展计划,而只提供了足够可信的信息。

那天,我遇到了十几个新的投资者,加深了我与其中几位本就认识的投资者的关系,还遇到了一些了不起的企业家,其中许多人后来与我成了同事和朋友。其中包括来自缝合贴技术的丹和埃里克,这是一种可以减少手术并发症、缩短恢复时间的新技术;还有西德(Cid),他发明了一种"智能"儿童汽车座椅,可以告诉父母座椅是否已经安全、妥善安装。他的一个孙子因为儿童约束装置未被拴牢而去世,所以他自己设计了这个智能座椅。有一位谨慎的天使投资者,他组建了一个联合会(由其他感兴趣的天使投资人组成的团队)来进行尽职调查(参考前文内容,这是一种对技术和公司的自

[①] 产品中的佼佼者。也比喻企业特有的,别人难以胜过的看家产品。——编者注

第十章
女性创新者面临哪些独特挑战？原因为何？

上而下的评估）。他们决定等到我们有了临床数据再投资。一家当地的风险投资公司给了我一份投资意向书，或者说是意向书草案，但他们想要的股权过多，我们决定不考虑。我的公司最终获得了研究资助和战略合作伙伴的资助，最终不需要风险投资的资金，因为在我的联合创始人发生意外后，我们做出了调整。

就我而言，在那段时间里，我遇到了一些最有创造力、最有创新精神、最敏锐的、注重实效的专业人士。我更多地参与进了创新创业的文化生态系统中。我与别人合办了其他几家公司，并为我和我同事的公司从天使和风险投资筹集资金。此外我加倍关注女性创新，寻找方法与其他女性分享我的经验和我新发现的专业知识。一次研讨会上，我邀请了一位专门研究女性和企业家精神的驻华盛顿记者、作家、顾问莎伦·哈达里（Sharon Hadary）教授作为特邀发言人。2010年，莎伦基于她对为何女性很难进入创业领域并获得成功的研究，在《华尔街日报》上撰写了一篇意义重大的文章。

在那篇文章中，哈达里指出，虽然女性拥有的企业数量在过去 30 年里一直在增长，女性创办新企业的速度是男性的两倍，但相比之下，妇女拥有的企业规模较小。她在文章中指出，女性拥有的企业的平均收入仅为男子拥有的企业平均收入的 27%。

"然而，美国有 25 万女性拥有并领导着年收入超过 100

万美元的企业，这证明女性具备成为成功企业家所需的能力、远见和毅力，"她在那篇文章中问道，"那么，是什么阻碍了她们呢？"她的研究揭示了一个双重问题：①女性对她们自己、她们的企业和她们可获得的机会设限；②企业和政府领导对女性有思维定式。

作为一名初创企业的专业人士，我想告诉你，正常情况下成为一名初创企业的创新者和企业家已经够难的了，更不用说是一名女性了。正如我们在本书中所看到的，开发和推出一个商业上可行的想法，筹集资金，并成为一个在资金上可以维持运营的企业需要时间。这也会对企业家的个人财务状况造成影响。我认为性别不会影响我成功的能力，女人和男人一样聪明、自信、好奇和坚韧。然而，我和我的许多女性同龄人一样，作为年轻家庭的母亲，我有经济和家庭义务，这影响了我的中期计划。连续创业者在创业三四年后情况会变好，之后还需要十年、十五年、二十年的持续努力。这就是为什么连续创业者对投资者和社区如此有吸引力。在初创企业领域做了五年的创新者后，我创办了几家公司，并筹集了资金。但我还没有把它们做得足够大，以获得收益，并在退出后实现财富自由。在一切都不确定的时期，我承受不起个人风险。为了保险，我最终回到了企业界。

当然，正如我们在本书中所讨论的，创新的方式和情况多种多样。我决定把我的创新精神和创业抱负集中在企业创

第十章
女性创新者面临哪些独特挑战？原因为何？

新上，或者在我所说的企业内部努力，帮助大型组织拥抱创新，并用我学到的和使用过的创业方法将新技术推向市场。同时，我作为教授、顾问、教练和天使投资人一直参与初创企业的世界。所以，我同时涉足两个领域：我帮助企业创新，同时为企业提供创新者资源。作为一名专业人士、一名创新者、一名教育工作者，甚至作为一个母亲，如果我有机会指导我的孩子和他们的朋友创业创新，我会非常自豪。

快进到 2021 年：科学、技术、工程和数学领域中的女性和初创企业的女性有什么不同？根据 2020 年《哈佛商业评论》的一篇文章，在过去十年里，美国风险投资增长了四倍，女性创办的企业数量增长了 40%。然而，自 2012 年以来，女性创办的公司所筹集的风险资本的比例几乎没有变化。在美国，大约 3% 的风险投资流向了创建团队都是女性的公司。根据 2018 年创业资源业务介绍及标书网（Pitchbook）和 2019 年欧洲投资银行的报告，只有 15% 的风险投资流向了男女混合投资的公司，甚至创始团队中只包括一名女性的也算在其中。

当下的情况并不比哈达里 2010 年写相关分析时好多少。

欧洲的统计数据也好不到哪里去。欧洲联盟委员会（European Commission）在 2020 年 7 月发布的一份报告称，2018 年，由欧洲风险投资支持的科技公司筹集的资本中，超过 90% 流向了男性创始人的公司，只有 5% 的资金流向了男女混合的管理团队，只有 2% 流向了全女性团队。

具有讽刺意味的是，研究表明性别多样性在确保企业成功方面具有积极意义。波士顿咨询集团的一项研究表明，尽管筹集的资金较少，但女性领导的初创企业表现优于男性同行的初创企业。女性创办的初创企业每筹集 1 美元，就会产生 78 美分的收入，而男性创办的初创企业则产生 31 美分的收入。

更重要的是，欧洲女性面临的问题与哈达里在 2010 年写的问题相同。欧盟统计局 2018 年的一份报告称，欧洲和美国的女性成为自营职业者的可能性是男性的一半，因为她们认为自己的创业经验比男性少，她们的人际关系网不及男性多样化，筹款条件不足，而且她们还面临影响她们创办初创企业信心的社会观念，以及不鼓励双职工模式的税收和家庭制度。这种差距在科技行业尤其严重，这个行业的女性创始人不到 15%。

女性领导的初创企业往往规模较小，资本密集程度较低，增长较少，更多地面向医疗健康和社会工作等服务行业。一项研究发现，成功筹集资金的女性的企业往往是具有社会使命的领导企业。在 2018 年《哈佛商业评论》的一篇文章中，研究人员论述了在评价企业家时存在很多刻板印象的现象。成功的企业家有标志性的形象——积极进取、雄心勃勃。这对女性企业家是一个挑战，因为研究表明，表现出咄咄逼人

第十章
女性创新者面临哪些独特挑战？原因为何？

和非女性形象的女性可能被视为更有能力，但也可能因违背社会对女性形象的期待而遭受诟病。女性面临双重困境，社会对她们作为企业家的期望与对她们作为女性的期望不一致。社会影响框架似乎打破了双重束缚，既避免了歧视，同时又满足了性别期望。

女性创新者如何利用当前的环境？

基于我的所见所闻、经验，以及数据支持，我向其他女性创新者就如何获得关注提供以下建议。

善用长处。利用大众已经形成的女性是具有社会影响力的初创企业的优秀领导者的观念，如果可以的话，多谈论你作为女性的可持续性和社会影响。社会企业正在兴起，女性可以利用这一点。

利用越来越多的以女性为重点的天使网络。根据伯克利大学的数据显示，女性现在占天使投资者的26%。很多女性天使投资者正在为具有高潜力的女性创始人提供种子资本。摩根士丹利（Morgan Stanley）和高盛（Goldman Sachs）已经启动了针对女性和多元文化企业家的加速器。安德烈森·霍洛维茨（Andreesen Horowitz）和软银（SoftBank）也宣布成立基金会，为女性和其他少数群体这些很少被投资的创始人和企业家提供资金。

渐进式创新：
企业成功转型的八大法则

利用越来越多的创新加速器项目，创建一个可以启动你的业务的网络。创新和创业是大多数学院和大学推广的热门职业道路，也是政府经济发展项目的重点。无论是学术界还是政府，都有一个协调一致强有力的工作重点，即把促进创业作为一种职业道路和为社区创造新的就业、机会和财富的手段。女性创新（Woman in Innovation，WIN）是一个在纽约、旧金山和伦敦拥有4000名成员的国际组织，该组织主办活动和培训项目。女性可以通过上课、参加加速器实验室和参加网络活动来利用女性创新组织和其他一些组织，以扩大她们与投资者、银行家、金融专业人员、法律和其他专业人员的社交网，这些人可以帮助她们将自己的想法付诸实施。这些论坛也是一个与其他创新者和企业家，无论男女，分享经验和商业故事，并交换关于顾问和其他有用资源信息的好机会。

利用社区对科学、技术、工程和数学领域中女性的关注，参与地方活动，促进女性参与创新。要招募更多女性进入技术领域，培养未来的创新者和企业家，最好的方法是鼓励更多年轻女性从事科学和工程领域的职业。理工科项目在高中和大学阶段很容易识别，从事这方面工作的职业女性有机会影响、培训和指导年轻女性考虑技术职业。你可以考虑做一个活动的特邀演讲者，甚至做一个女学生的导师。通过更多地参与到理工科社区，从事这方面工作的职业女性可以对其

第十章
女性创新者面临哪些独特挑战？原因为何？

他女性产生积极影响，并鼓励她们参与到创新生态系统中。增加科学、技术、工程和数学领域的多样性同样受到关注，女性也可以成为重要的倡导者。

领导者能做些什么来鼓励更多的女性企业家和创新者？

我们不要停留在地方层面。我们需要号召大家行动起来。女性和男性需要形成统一的声音，要求改变创业生态系统。我们需要整个生态系统的关注和参与——金融、学术、政府和商业。这里提出一些建议，可以让现在和将来有所不同。

通过要求资深风险投资基金经理报告其投资的具有不同领导层的公司数量以及向这些公司投入的资本，在尽职调查和年度绩效考核中追究风险投资公司的责任。虽然 65% 的风险投资有限合伙人表示他们关心多样性，但只有 25% 的人在调查中询问了这一点。一旦评估完成即结束！根据伯克利大学的数据显示，如今 6% 的风险投资都有女性合伙人。投资者以前也曾处理过重大的社会问题。截至 2020 年中，代表超过 41 万亿美元资产的近 450 家机构投资者加入了"气候行动 100+"教授。他们设定了董事会代表和减排目标，并向公司施加市场压力，要求其做出气候友好型选择。其结果是公司碳足迹更大的透明化，以及基于气候活动的公司资金流数据更好。它们为气候行动创造了一种前所未有的紧迫感和发展势头。

**改变思维方式，通过提供更多关于设定目标，尤其是在金融方面的培训来鼓励女性从更大维度思考如何筹集资金和建立关系。这种培训应由大学、技术转让办公室和设有创新办公室的大公司赞助。像 IBM 公司这样致力于提高女性创新者的公司已经赞助了一些项目，以鼓励女性在高中阶段的理工科学习和提高女性企业家的技能。

创造一个环境，进行必要的文化变革，鼓励更多的女性学习科学、技术、工程和数学学科并进入这些职业。当聪明、有激情的人在技术领域接受培训，并使用他们拥有的知识和技能来创造能够改善我们生活、工作和娱乐方式的产品和服务时，有意义的创新就会发生。根据安永会计师事务所 2019 年 3 月的一份报告显示，当时担任计算机科学职位的女性数量比 20 世纪 80 年代少。美国人才创新中心解释说，女性退出科技行业的可能性是男性的两倍。我们需要扭转这一趋势。首先，我们需要让女性进入理工科领域；然后，我们需要通过帮助她们平衡工作和生活，实现职业发展，并获得平等的激励政策，包括薪酬，来支持她们的职业生涯。

跟随巴布森的脚步。巴布森学院（Babson College）是一个在鼓励女性创新者方面值得称赞的学术机构。该学院位于马萨诸塞州巴布森公园，是本科创业教育的领导者，也是女性创业领导力学院中心的所在地。它是提高女性企业家领导力和支持女性创新者和创业者的学术领导者。

巴布森的女性创新实验室（WIN,Lab）成立于 2013 年，

第十章
女性创新者面临哪些独特挑战？原因为何？

是女性创业者的创业加速器。它提供了一个基于社区的，严格的体验过程，旨在催化创新思维，并催生成功的业务模型。为期五个月的课程有一对一辅导、专家访问、与公司高管互动、一个以同伴为基础的社区以及一个让学生对自己的进步负责的项目。

女性作为创新者和企业家面临的困难显然不可能在一夜之间得到解决，但我们应该继续抱有希望，我们必须保持专注和警惕，推动变革。今天，美国、欧洲和亚洲部分地区的年轻女性比以往任何时候都有更多的机会作为创新者获得成功的职业生涯，因为人们越来越意识到多样性的必要性——相关数据证明女性领导人有助于企业取得成功。第三次万事达卡女性企业家指数根据女性进步的成果（包括劳动力市场参与度、资金获得和创业支持）对各国进行评估，排名第一的是美国，其次是新西兰、加拿大和以色列。重要的是，正如我们在本书中所讨论的，逆境需要创新者发挥出最好的一面。女性创新者对新奇的想法和积极的变革充满热情，并拥有推动其直到成功的动力和弹性。

历史上有数以百计的女性创新者值得关注（这里仅指我们所知道的）。这些女性看到某个问题，制订了一个可行的解决方案，然后坚持不懈，直到成功。下面我想和大家分享我的女性创新者名人堂。

马尔尚教授的《女性创新者》名人堂

我提名女性进入名人堂的标准包括她识别值得解决的问题、研究多种解决方案的能力以及她的想法的独有性。这些女性还坚持了本书中提到的许多创新法则——包括调整航向精神和个人韧性。我还寻找了女性创新者的多样性,并在本章末尾提供了一些额外的关于女性发明家生活的细节和引用资源,供你阅读。

约瑟芬·科克伦(Josephine Cochrane, 1839—1913),俄亥俄州阿什塔布拉 发明了自动洗碗机

科克伦设计洗碗机的方法是测量盘子并制作金属丝隔室以适合每种盘子的类型。单独的隔间被放置在一个车轮内,车轮平放在一个铜锅炉内。当热肥皂水从底部喷出来,雨点般地落在盘子上时,一个马达会转动轮子。科克伦在1893年芝加哥世界博览会上展示了这台洗碗机,并凭借其极佳的机械结构、耐用性和对工作的适应性获得了最高奖。她成立了加里斯·科克伦公司来制造她的洗碗机,这是"厨房帮手"(KitchenAid)的前身。2006年,她入选了美国国家发明家名人堂。

玛丽·居里(Marie Curie, 1867—1934),波兰华沙 发现了放射性物质

"战争期间 X 射线的使用挽救了许多伤员的生命;它还

第十章
女性创新者面临哪些独特挑战？原因为何？

使许多人免于长期的痛苦和持久的虚弱。"

——玛丽·居里

居里夫人创造了放射性这个词，她对铀射线的研究开创了原子物理学这个领域。基于她对放射性的发现，以及她和丈夫皮埃尔·居里对放射性元素钋和镭的发现，居里夫人成了第一位获得诺贝尔奖的女性，也是第一位两次获得诺贝尔奖的人。一些教育和研究机构，包括居里研究所和皮埃尔和玛丽居里大学，都是以她的名字命名的。

居里夫人死于再生障碍性贫血，她因为在实验室工作时穿的外套里携带镭试管，并因为工作时要接触放射性物质所以得了这种病。居里夫人的著作《放射性》于她死后在1935年出版。她的遗体与皮埃尔的遗体葬在巴黎的万神殿里，她是安葬在那里的仅有的五名女性中的一个。

海蒂·拉玛（1914—2000），奥地利维也纳　发明了蓝牙、GPS和Wi-Fi的前身秘密通信系统

作为一名电影女演员和自学成才的发明家，拉玛和同事乔治·安太尔开发了一种无线电制导系统，他们使用扩频和跳频技术来干扰无线电信号。他们在第二次世界大战中为同盟国军队鱼雷舰创造了这一技术，但美国海军直到1960年才采用这一技术。拉玛在2014年入选美国国家发明家名人堂。玛丽·本尼迪克特的小说《房间里唯一的女人》描写了她的生活和她的发明。

乔伊·曼加诺（Joy Mangano, 1956 年至今），纽约东梅多 发明了奇迹拖把

"你所需要的只是一个人肯定你的想法。"

——乔伊·曼加诺

1990 年，曼加诺发明了奇迹拖把，一种能自动拧干的塑料拖把，当时这一创新每年创收 1000 万美元。随后，她发明了很多其他产品，包括包裹着天鹅绒的可爱飞机裤、永远芬芳房子气味中和剂和旋转球行李轮。她的产品线创造了超过 30 亿美元的收入。她的自传《创造快乐：建立一个勇敢而有创造力的人生》（*Inventing Joy：Pare to build a brave & creative life*）于 2017 年出版。

沃克夫人（Madame C.J.Walker, 1867—1919），出生于路易斯安那州一个奴隶种植园，原名莎拉·布里德洛夫 为黑人女性发明护发产品，并为有记载的美国第一位白手起家的女性百万富翁

"我不仅满足于为自己赚钱，我还努力为数百名与我同族的女性提供就业机会。我想对每一个黑人女性说，不要坐等机会的到来，要主动创造机会。"

——C.J. 沃克夫人

沃克自己开发了头发疗法，并招募了两万五千名黑人女性在北美洲、中美洲和加勒比海地区担任上门美容顾问。她的曾曾孙女写的《在我们自己的地盘上》一书讲述了沃克的

第十章
女性创新者面临哪些独特挑战？原因为何？

故事，该书是网飞系列电视剧《白手起家：沃克夫人的致富传奇》的灵感来源。

玛丽·安德森（Mary Anderson, 1886—1953），亚拉巴马州格林县　发明了挡风玻璃雨刮片

安德森是一位房地产开发商和牧场主，她在1902年冬季访问纽约市期间，乘坐了一辆有轨电车。她观察到一名司机开着前车窗开车，因为不开窗的话挡风玻璃很难避开正下着的雨夹雪。回到家后，她聘请了一位设计师，制作了一个手动装置，然后让一家公司为她的发明制作了一个原型。1905年，安德森试图将她的这一专利出售给加拿大的一家公司，但她的申请被拒绝了，原因如下："我们认为它不具有商业价值以保证我们将其出售。"1920年，在专利到期和汽车制造业增长后，安德森设计的挡风玻璃雨刷被改进为标准设备。凯迪拉克是在1922年第一家采用这种技术的汽车制造商。

格特鲁德·贝尔·埃利翁（Gertrude Belle Elion，1918—1999），纽约　开发出治疗疱疹、器官移植和白血病的新药物

埃利翁发明了45项医学专利。1944年，她受雇于巴勒斯·威康（Burroughs-Wellcome），在那里她开始了与乔治·希钦斯博士长达40年的合作，通过研究患病细胞的组成来创造药物。他们利用正常细胞和致病因子的生物化学差异来设计阻止病毒感染的药物。埃利翁与希钦斯和詹姆斯·布莱克爵士一起被授予诺贝尔生理学或医学奖。1991年，她成

为第一位进入美国国家发明家名人堂的女性。

贝特·内史密斯·格雷厄姆（Bette Nesmith Graham，1924—1980），得克萨斯州达拉斯 发明了液体纸

"格雷厄姆经营公司专注于平等主义和实用主义。她相信去中心化的决策，强调产品质量而不是利润。她相信，女性可以给男性主导的商界带来更多的滋养和人文品质。"

——爱德华·T.詹姆斯（Edward T.James）

当第一台电动打字机问世时，格雷厄姆是得克萨斯银行信托公司的执行秘书。她在她儿子的化学老师帮助下用坦帕水性涂料发明了一种被她称为"涂鸦"的打字校正液，以轻松消除文字错误。她把这些液体放在一个瓶子里，用了五年。后来，格雷厄姆获得了一项专利，并将她的发明更名为液态纸。她获得了一个商标，并创办了自己的公司。1979年，她以4750万美元的价格将公司出售给吉列公司。

阿达·洛芙莱斯（Ada Lovelace，1815—1852），英国伦敦 发明了第一个计算机程序

"我的大脑并非凡类，时间会证明这一点。"

——阿达·洛芙莱斯

洛芙莱斯是诗人乔治·拜伦勋爵的女儿，在英国数学家、发明家兼机械工程师查尔斯·巴贝奇（Charles Babbage）开发第一台名为分析引擎的通用计算机时，她与巴贝奇一起工作。1842年，她编写了第一个在分析引擎上运行的计算机程序

第十章
女性创新者面临哪些独特挑战？原因为何？

指令。

帕特里夏·巴斯（Patricia Bath，1942 年至今），纽约哈林区　发明了激光白内障手术

"能够恢复病人的视力是终极奖励。"

——帕特里夏·巴斯

在完成了哥伦比亚大学的眼科研究后，巴斯开始致力于她的发明——激光探针。这一技术使得对白内障进行精确的激光手术成为可能，在此之前白内障手术都是人工手术。1986 年，她为自己的发明申请了专利，成为第一位获得医学专利的非裔美国女医生。她的一生一直在为盲人从事临床实践和学术研究，她还作为美国防盲机构的主席和联合创始人与倡导机构合作，该机构倡导"视力是一项基本人权"。

后继者

凯瑟琳·伯尔·布洛杰特（Katharine Burr Blodgett，1898—1979），纽约斯克内克塔迪　发明了不可见或不反光的玻璃

布洛杰特的发明意义重大，因为这项发明使需要透明玻璃的物理学家、化学家和冶金学家得以工作，这项发明被用于照相机镜头、相框和光学设备等消费品中。她是第一位被通用电气公司聘为科学家的女性。她一生中获得了八项专利，并且是其中两项专利的唯一发明者。

冈萨雷斯·萨纳布里亚（Olaga D.Gonzalez-Sanabria，生卒年不详）波多黎各　长循环寿命镍氢电池的发明者之一（拥有专利）

这种电池在国际空间站电力系统中发挥了重要作用。萨纳布里亚是美国航空航天局格伦研究中心职位最高的西班牙裔美国人，也是俄亥俄州女性名人堂的成员之一。

玛丽亚·特尔克斯（Maria Telkes，1900—1995）匈牙利布达佩斯　发明热电发电机

特尔克斯利用热电为马萨诸塞州多佛的多佛太阳屋设计了第一套太阳能加热系统。1953年，她利用半导体热电原理制造了第一台热电制冷机。她获得了七项美国专利，并于2012年入选美国国家发明家名人堂。

芭芭拉·麦克林托克（Barbara Mcclintock，1902—1992）康涅狄格州哈特福德　发现了基因换位

麦克林托克的突破性发现是，她发现基因可以沿着染色体移动，并导致突变和其他特征变化。她因对玉米染色体的研究而获得诺贝尔生理学或医学奖。

格蕾斯·赫柏（Grace Hopper，1906—1992）纽约　发明计算机语言编译器

赫柏是一名计算机先驱和海军军官，她在耶鲁大学获得了数学硕士和博士学位。她以在计算机编程、软件开发以及编译器的设计和实现方面的贡献而闻名。

第十章
女性创新者面临哪些独特挑战？原因为何？

荣誉奖

梅利塔·本茨（Melitta Bentz，1873—1950）德国德累斯顿　发明了咖啡过滤器

凯雷斯·克罗斯比（Caresse Crosby，1891—1970）发明了现代文胸，并申请了专利

杰奎琳·付（Jaclyn Fu，1990年至今）加利福尼亚　创立了Pepper，一家为小胸女性制造胸罩的公司

露丝·汉德勒（Ruth Handler，1916—2002）科罗拉多州丹佛　发明了芭比娃娃

露丝·格雷夫斯·韦克菲尔德（Ruth Graves Wakefield，1903—1977）马萨诸塞州伊斯顿　发明了巧克力饼干

伊丽莎白·J. 马吉（Elizabaeth J.Magie，1866—1948）**伊利诺伊州马克姆**　发明了地主游戏，帕克兄弟最初的大富翁棋盘游戏。玛吉的发明直到她去世后才为人所知

玛丽·谢尔曼·摩根（Mary Sherman Morgan，1921—2004）发明了火箭燃料海代恩，它为Jupiter-C火箭提供动力，助推了第一颗美国卫星探险者1号的顺利发射升空

237

附录

附录 A
客户研究方法

● **焦点小组访谈**

8~12 名客户为一组在一个房间或一个虚拟会议室里会面，在那里他们分享他们对你的产品或服务的概念的理解、看法和意见。小组参与者可以自由地相互公开交谈。这种数据收集方法可以用于深入了解客户的需求优先级，或通过获取反馈的方式验证你提出的新想法。焦点小组法用于为调查和访谈提供从广泛到具体的信息，也可以用来检验你的想法。这种方法在检验新想法时效果很好。例如，当非营利组织美国全国精神疾病联盟 (NAMI) 想研究抑郁症时，他们要求我们与抑郁症患者以及患者亲友进行焦点小组访谈，以更好地了解病情特征。因为通常人们会尽量向家人、朋友和同事隐瞒抑郁症。通过焦点小组访谈，我们深入研究了他们的羞耻感以及他们害怕被别人发现自己的病情，害怕被歧视的恐惧。然后，我们开发出了一些信息内容来帮助患者消除精神疾病的症状，并发起了一项新的运动来打破世俗对抑郁症患者的误解。

- 个别采访

这种传统方法通常用于了解客户对产品、服务、问题、属性和性能指标的感受。你可以为特定客户或具有某些共同属性的一组客户这样做，你可以亲自进行现场采访，或者通过电话或电子邮件进行采访。这也是我为了测试新诊断法采访视网膜外科医生时使用的方法。这是花费比较高的一种研究方法，但它也是最有用和最值得信赖的，因为它基于你与客户的互动。

- 在线调查

另一种获取客户真实想法的方法是在线调查。这样做可以帮助你了解客户的问题。请记住，你需要进行简短而中肯的调查，并带有开放式提问。使用像"调查猴子"（SurveyMonkey）或可视化网站优化器（VWO）这样的平台，你可以轻松设置判断题、多项选择题、下拉菜单和填空问答题。艺康集团是水、食品安全和感染预防解决方案和服务的全球领导者，他们根据该机构使用医院级消毒剂的情况和第三方审核的情况，对消费者进行了调查，以了解客人对餐厅和酒店舒适程度的感受。调查结果表明，酒店客人知道酒店是用医院级消毒剂清洁过的之后，他们会感到非常安全。所以该公司与使用其产品的酒店和餐馆分享这些信息，并授予他们使用艺康集团这些产品的证书，以供酒店展示在橱窗中。你也可以巧妙地使用调查来生成数据与你的客户分享！

- **社交媒体**

通过社交媒体进行的研究具有强有力的反馈功能，因为它允许你和客户进行双向沟通。在最常用的社交平台上，你都可以通过积极参与或安静聆听等方式来与客户沟通并建立联系。社交媒体的核心优势在于你可以直接与使用你产品和服务的客户进行更直接、实时的对话。

- **在线聊天**

根据弗雷斯特研究公司（Forrester）2021年的一项调查显示，42%的在线购物者认为电子商务网站的最佳功能是在线聊天。这是一个获取反馈的好方法，这也是一个安排客户进行后续调查的机会，你可以借此要求客户更深入地进行反馈。

- **网站流量**

网站是获取客户心声的好地方。你可以收集客户在网站上的行为数据并进行分析。为此，你可以利用热图、滚动和访客记录等工具快速完成此操作。

- **净推荐值**（Net Promoter Score，NPS）

净推荐值是一种用于衡量公司客户忠诚度的管理工具。客户忠诚度指标由贝恩咨询公司的弗雷德·赖克尔德（Fred Reichheld）和加州的一家软件公司的满意指标系统（Satmetrix Systems）共同开发。净推荐值可以提供快速可靠的客户反馈，该系统的工作方式很简单，就是客户使用简单的1到10分来回答诸如"您将我们公司推荐给朋友的可能性有多大?"之类的问题。

● **电子邮件**

这是一种收集反馈的灵活方式,你可以根据需要采取正式或非正式的形式。你可以向客户发送高度个性化的电子邮件,或创建可用于各种客户的反馈模板,还可以通过电子邮件或在线调查链接请求反馈。

● **反馈表**

现在的网站上通常都会包含反馈表,但也可以选择在活动或讲演之后发放和回收反馈表,无论是现场发放还是通过电子邮件发送都可以。

● **在线客户评论**

众包模式的客户评论已经变得非常流行。人们喜欢阅读一些流行应用平台上的评论,用户聚集的地方总有人会想要分享他们对产品或服务的反馈。

附录 B
商业模式画布

商业模型画布这一工具可供创新者基于九个基本模块来构建任何商业模型,以评估一个公司的生命周期。遵循这九个构建模块将帮助你构建一个引人注目的商业模型画布。(见图附录 2-1 在 CC-BY-SA-3.0[①] 下提供的商业模式画布)

商业模式画布		设计目标	设计者	日期	版本号
关键伙伴	关键活动	价值主张	客户关系		客户细分
	关键资源		渠道		
成本结构			收入来源		

图附录 2-1 在 CC-BY-SA-3.0 下提供的商业模式画布

[①] 一种共享协议,共享方式为基于与原先许可协议相同的许可协议。——编者注

1. 客户细分

清楚地描述你正在为其创造价值的用户、人员或组织，有两种方法可以做到这一点：

（1）传统描述（人口统计、心理统计、行为）

（2）细分客户的新方法：关注客户正在完成的工作，观察他们将如何使用你的产品或服务——例如，对于一家财富管理公司，客户细分可能被描述为客户想要"具有影响力、在45岁退休、送孩子上大学"

在此模型中，请确定你的直接客户（采用的中介）和间接客户（最终用户）。你的产品或服务是否服务于双面市场（例如，广告商和消费者）？

2. 价值主张

描述你对每个客户群的价值主张：为每个客户群创造价值的具体产品和服务的组合，解决基本问题并吸引客户来找你。

识别价值驱动因素：

（1）功能性因素（例如，性能、定制、可访问性、功能设计、价格/成本降低）

（2）社交因素（例如，品牌地位、沟通交流）

（3）情绪因素（例如，减少焦虑、设计创造）

3. 渠道

注意公司与客户互动并为客户提供价值的接触点：

（1）直接渠道（例如，自有店铺、网站、高管、销售人员）

（2）间接客户（例如，第三方商店、第三方销售人员、批发商、媒体）

4. 客户关系

概述公司与客户建立的关系类型：

（1）关系类型（直接、间接，两者组合）

（2）客户的债券（交易性、长期性，两者都有）

（3）亲密关系（自动的、个人的，两者都有）

（4）关系生命周期（获取策略、保留策略、交叉销售策略）

5. 收入来源

明确公司如何以及通过哪些定价机制获取价值：

（1）你如何从每个客户群中赚钱

（2）你为消费者提供了什么价值

（3）你在价值主张、客户细分、渠道和关系方面会怎么做选择

（4）确保收入大于成本

（5）考虑所有类型的收入（资产销售、租赁费、使用费、许可费、广告费、订阅费、经纪费等）

（6）描述定价结构（静态与动态）和机制（取决于库存和购买时间的收益机制，例如航空公司座位；实时市场供需相关成本，例如股票市场、拍卖）

6. 关键资源

列出公司不可或缺的资产，包括：

（1）有形资源（计算机、员工、资金）

（2）无形资源（知识产权、品牌、流量、信誉等）

7. 关键活动

注意有助于与主要合作伙伴互动的流程。

8. 关键伙伴

列出可以帮助你的公司利用当前商业模式的其他公司。考虑所有合作伙伴，包括：

（1）非竞争者之间的战略联盟

（2）竞争对手之间的战略联盟

（3）合资企业

（4）买卖双方关系

9. 成本结构

描述运营你的商业模式所产生的所有成本，包括：

（1）固定成本（例如，工资、租金、生产设施等）

（2）可变成本（例如，销货成本）

（3）考虑成本驱动的商业模式、规模经济、范围经济和价值驱动的商业模式

附录 C
商业计划案例

眼部蛋白质组学有限公司

市场机会
眼部蛋白质组学有限公司准备凭借其独特的技术平台在近期获得成功,该平台提供了一个进入巨大的、不断增长的退行性眼病诊断和治疗市场的机会,该市场估计每年有几十亿美元的资金消费需求。

投资亮点
经过验证并拥有专利的静脉蛋白质组发现技术。
- 开发可用于衡量疗效的准确的和具有成本效益的诊断测试。
- 诊断性眼病市场的重点。
- 近期的收入机会:有效治疗与年龄相关的黄斑变性。
- 多种产品:PCADM-1、PCADM-2、HGPIN、CAM-1&DNA ZYM-1。
- 经验丰富的管理团队和科学团队。
- 广泛的知识产权保护。

执行管理
罗琳·马尔尚　工商管理硕士
总裁兼首席执行官
乔治·斯卡拉蒂丝(George Scarlatis)
医学博士
临床顾问
斯维特拉·娜诺维科娃(Svetlana Novikova)
博士
生物信息学经理
欲了解更多信息,请联系:
罗琳·马尔尚　工商管理硕士
总裁兼首席执行官
电话:443-921-1351
传真:443-921-1369
电子邮件:lmarchand@ocularproteomics.com
http://www.nationalretina.org/innovativetechnology/centerforocularproteomics.asp

公司概述
眼部蛋白质组学有限公司是一家处于早期阶段的生物技术公司,旨在利用日益增长的对更高效技术的需求,快速识别和开发以下技术产品
- 用于早期检测和分期治疗老年性黄斑变性和其他眼科疾病的新型诊断标志物。
- 用于识别药物发现目标的新型蛋白质组学套件。
- 为诊断目的收集玻璃体液样本的新型装置。

核心技术包括
- 发现新型标记物的蛋白质组学平台
- 鉴定蛋白质的专有方法
- 组织/液体标记物的专有免疫测定法
- 诊断标记物与治疗药物的关系
- 广泛的专利申请涵盖了发现过程诊断和治疗应用

与年龄相关的黄斑变性项目
宏观数组(Macro Array)技术公司最初将集中精力开发与年龄有关的黄斑变性诊断产品。主要目标是获得批准,将玻璃体蛋白质组采样和分析作为临床诊断测试进行商业化。

主要目标是获得美国食品药品监督管理局的批准,将玻璃体蛋白质组采样和分析作为临床诊断测试进行商业化。

VEGFR Y1175、VEGFR Y1175 和 PDGFRB、Y716
基于玻璃体的成套诊断测试,用于预测哪些湿性相关黄斑变性患者将对目前的静脉注射疗法起反应。该测试是第一个被引入个性化疾病药物市场的同类诊断测试,还可以对患者进行定期检测,以更准确地评估患者对正在进行的治疗的反应。

附录

眼部蛋白质组学有限公司

科学顾问

，医学博士，眼科学专家， 医院，城市
*******，医学博士，*** 大学医学院
，医学博士，眼科主席，*** 大学

研究中心和合作者

美国国家视网膜研究所
伯特·格拉泽（Bert M. Glase）医学博士
创始人和执行董事　乔治梅森大学博士
*** 博士，研究科学家，**** 大学
*** 医学博士，**** 主任（地点）
*** 医学博士，** 主任
*** 医学博士，眼科主席

投资人

- 美国国家卫生研究院（2010 年拨款）
- 美国国家视网膜研究所
- 洛尔（LORE）
- 本·富兰克林技术合作伙伴
- 生物进步公司
- 费城创新

知识产权

眼部蛋白质组学拥有专利知识产权。该专利为蛋白质组学发现技术以及诊断和治疗应用的发现提供了独家权利。

临床试验产品

我们的早期开发阶段产品包括 MMP-9 玻璃体蛋白质组标记物，用于老年性黄斑变性的视网膜下液；人类玻璃体蛋白质组切片试剂盒，这是一套基于玻璃体的试剂盒，用于对目标标记物的识别；玻璃体抽吸器，用于在办公室内轻松获取玻璃体样本以便用于诊断。其他视网膜和眼科疾病的标记物也在探索之中。

MMP-9 玻璃体蛋白质组标记物

基质金属蛋白酶（MMP-9）又名明胶酶 B，专门针对玻璃体中占主导地位的 IV 型胶原蛋白结构。我们的初步研究表明，玻璃体中这种蛋白的水平与湿性年龄相关性黄斑变性炎患者的视网膜下积液量直接相关，所以我们希望通过监测玻璃体中 MMP-9 的水平预测视网膜下积液的复发，并启动治疗以防止视网膜下积液，而不是在视网膜下积液已经发生并损害视网膜后才做出反应。

人类玻璃体蛋白质组切片试剂盒

利用我们从 500 多名病人身上采集的近 2000 个样本的资料库，我们计划构建一个试剂盒，将病人的玻璃体蛋白按眼部疾病和其他人口统计学分组。这些试剂盒将被出售给大型制药公司，用于测试他们的新药的某些关键目标在其目标疾病患者的玻璃体蛋白质组中的结合情况，如果这种蛋白质存在，他们将初步验证拟议的药物可能会改变上述疾病的过程的影响。

玻璃体抽吸器

这种专门的工具旨在取代目前用针头和注射器抽吸玻璃体样本的双手操作技术。该工具目前可以单手收集样本，允许另一只手用于稳定球体，并在抽吸器抽出后立即对采样伤口施加外部压力；尽量减少斜角穿刺，从而降低视网膜脱落的风险；并防止"干水龙头"的发生，即收集样本时获取的玻璃体体积不足以达到测试目的。

附录 D

申请天使投资的范例

	公司名称
公司标识	地址 / 网站 / 联系方式
	对 xx 投资人的述标

业务摘要
用大约 75 个字进行一段清晰、简明和令人信服的"电梯演讲"①，同时引用行业主题，使读者对商业计划产生兴趣。

客户问题	**团队和专长**
用大约 45 个字从产品、服务中受益并为之付费的最终用户的角度描述问题。	添加主要管理团队人员的照片、名字、职务和经历。
产品和服务	**顾问**
描述产品，同时解释它如何解决上述问题。包括提及开发和提供产品及服务所需的其他合作伙伴。	主要的外部顾问包括顾问、律师、会计师。
	投资人
目标市场	添加投资者的名字，以及（如果适用）在前几轮融资中筹集的资金。
用大约 75 个字描述客户群大小和增长趋势，包括客户群的消费能力。	**推荐人**
销售和市场策略	**迄今取得的成就**
用大约 75 个字描述价格策略、销售渠道、市场推动者与市场伙伴。	包括客户的数量、员工、产品的开发阶段等。
	即将到来的里程碑
竞争者和独特的价值主张	任何即将到来的发展阶段性成果，即将推出的活动等。
用大约 75 个字描述每个产品和服务的主要竞争对手，以及你的差异化特点。	

财务数据
包括收入预测、成本、未来 3～5 年的净收入，以表格形式列出。
投资提问：将资金用于哪些活动？用多少？有何商业影响？

---

① 一种宣讲 / 推销方法，目的是在短时间内（30 秒到 2 分钟）向对方介绍推销一个想法。——编者注